江口克彦
Eguchi Katsuhiko

こんな時代だからこそ
学びたい

松下幸之助のリーダー学

アスコム

まえがき

Introduction

昭和四十九年（一九七四年）八月、この日は日曜日。松下幸之助は兵庫県西宮の自宅にいた。その頃、敷地内に新しくお茶室を建てた。

いつものように、すぐに松下に朝の挨拶をすると、茶室でお薄《うす》を飲もうと言う。一緒に茶室に入った。

松下幸之助は、日頃は大阪・守口市にある松下病院の一室をマンション代わりにして過ごしていた。そこではいつも浴衣姿であったが、西宮の自宅では着物であった。

くれた。

茶道に無作法な私は、茶を点てることはできない。二人のときはいつも松下が点ててくれた。

二人が飲み終えると、だいたいはすぐに「さあ、仕事をしようか」と言って茶室を出る。しかしその日はお茶を飲み終わっても、松下が立ち上がらない。じっと空を見ている。暫くすると、独り言のように話し出した。

「〝先憂後楽《せんゆうこうらく》〟という言葉があるわな。つまり、憂いを先にして楽しみを後にすることやろ。社員が五人だろうが三人だろうが、経営者の立場に立つ人はな、この〝先憂後楽〟という考えを持ってないといかんわね。そういう考えを持っておらんと絶対ダメや。

そういう考え方、そういう思いというか志やな。それがなければ、経営者ではないわ。それは人が遊んでいても、自分は常に働いているとか、遊んでいるようでも、頭は常に働いていているとか、物を見てホッと仕事のことを考える、思いつくとかね。ひとつの遊びをやっていても、フッと思いつくことがあるわな。

〝あの人は心を許して遊んでいる〟と、よう言うけどな。仮にまったく心を許して遊ぶような人がいるならば、そういう人は経営者ではないな。

うん？　厳しい？　そりゃそうやろ。キミ、信長な、信長は、酒を飲んでいても、敵国のこと、隣国のことについて、頭から離すことはなかったやろうな」

着物姿で正座している松下幸之助の姿は、何か鬼気迫る畏怖を感じたことを覚えている。

ここで、松下幸之助は、「経営者」という言葉を使っているが、言うまでもなく「リーダー」と置き換えてもいいだろう。

リーダーはいかなる場におけるリーダーも同じである。社長はもとより、会社の部、課、班、グループを問わず、また団体のそれぞれの責任者を問わず、少なくとも五人であろうと三人であろうと、そのリーダーたる者はこの心がけがないと、社員なり、部下なり、メンバーは仕事に懸命に取り組んでくれるものではない。

リーダーとしての個々の要件については、本書で序章も入れて十三項目を挙げているが、総括すればリーダーの条件として、加えて私見を記述すれば、①先見力、②判断力、③行動力、④統率力、⑤人望力、⑥度胸、だと思う。

これからの技術のエクスポネンシャル（指数関数的）な進歩を遂げる。二〇四五年には「技術が人間を超える」などと言う人たちもいる。そのようなことはあり得ないと思うが、たしかにいま想像し得ないような技術が次々に出てくる。それに伴い、世の中の風景、状況も、毎朝、目が覚めれば激変しているだろう。

その劇的な変化に即応していかなければならない。先を読む力がいままで以上に求められる。そのために選択肢が無限というほどになれば、どの道を選ぶか、その判断力が必要になろう。

判断して、進む道を決めたら、すぐに行動する、すぐに取り組むことが求められる。一日どころか、一分の遅れが取り返しのつかない敗北につながる。加えて、人心を掌握し、動かす人徳が求められる。

そして最後は度胸だろう。なにせ未知の将来を読み解く、あるいは超技術の動向を読み取るとなれば、結果、どう転ぶか分からない。最終的にうまくいかなければ、全責任を引き受ける心意気がなければならないだろう。

いずれにしても、これからのリーダーは、「心を許して遊ぶ」などとは思わず、松下幸之助の言う、本書の序章も含めての十三項目を心得ることが、いまこそこんな時代だからこそ必要とされると思う。

いささかでも読者の皆さんのご参考になれば、望外の幸せである。

東京・平河町にて

第12章

人間の本質

序　章

大切なこと

経営の観念を持っているか

松下幸之助は、創業から十五年を経た昭和八年（一九三三年）、従業員数が千二百人ほどになった頃の朝会で次のようなことを話しています。

「近頃、店が拡張された関係もあってか、全体の人がただ仕事をするということにとらわれて、もっと能率的にする方法はないかということには考えを及ぼさず、ただ事務的に流れてきた傾向がある。これではならない。これでは決して進歩は望めない。

われわれはわれわれの仕事を、いずれもひとつの経営と考えなければならない。どのような小さな仕事もそれがひとつの経営なりと考えるときには、そこにいろいろ改良工夫を巡らすべき点が発見され、従ってその仕事の上に新しい発見は生まれるものである。

世間すべての人々が同じように努力しながら、成功する人が稀《まれ》であるのは、今言うところの経営の観念に欠け、なんらの検討工夫をなさず、ただ仕事に精出しているにすぎないからである。

本所もかくの如き人々の集団であるときは、その将来も危ぶまれる次第である。一人で世間へ放り出しても立派に独立独歩し得、何をしても一人前にやっていける人々の集まりとなってこそ、所期の目的が達せられるわけであり、かつ、かく経営者たるの修養を積むことによって諸君各自の将来もいかに力強きものがあるかを考えねばならないと痛感する次第である」

「社員稼業」も「事業」である

松下幸之助は、〝社員稼業〟というみずからの造語を使って、「**自分は社員稼業という独立経営体の主人公であり、自分個人の事業を営んでいるのだ**、という考え方に徹することにより、みずから進んで創意と熱意を傾けて仕事に取り組む姿が生まれ、そこに独立自営の花が咲くのであります」と、自主責任経営のすすめを展開していました。

松下は社員に、「経営が分からなかったら、実際に商売をしている人に聞きに行けばいい」とよく言っていました。

一人で経営をしている屋台の中華そば屋さんは、仕入れを吟味し、心を込めておそばをつくり、値段を決めます。お客さんに「きょうの味加減はいかがですか」とその味を尋ね、お客さんに喜んでもらうため日々懸命に反省と工夫を重ねています。社員もそういう姿に学ばなければならないというのです。

商人に学ぶ

商人とは、
一、商売の意義が分かる人である
二、相手の心が読める人である
三、相手より頭が下がる人である

松下幸之助はかつて「商人とはなんですか」と問われて右のように答えています。
商売はなんのためにするのか、商店、企業はなんのために存在するのかという**商売**

の意義が分かり、お客様の気持ちが分かり、心からありがたいと感謝ができる人という意味でしょう。

また、代理店に配布した冊子の中で松下幸之助は次のように書いています。

「規模の増大は、経営において『放漫』を招き易く、人において『驕傲《きょうごう》』の気風を醸成し易いと存じます。この点私は最も注意しなくてはならないと存じます。ことに松下電器（現パナソニック）は皆様に育てて頂いて、どうにかここまで成ったのでありまして、（中略）皆様のお引立てを思えば、この工場、この社屋いずれとして松下電器一個のものではないということを痛切に感じさせられるのでございます」

サービスとは礼儀である

松下幸之助は、だんだん組織が大きくなって、商人の精神、サービスの精神が薄れていくことに、いらだたしさを感じていました。ある日、松下電器本社の朝会で次のように話しています。

「サービスを適切にやっていくかいかんかによって、（お客様が）非常に満足されるかどうかが決まる。満足されることによって松下を非常に支持して下さるということに結びつき、繁栄するか繁栄しないかということに結びつくと思うのであります。

（中略）サービスはいろいろありましょう。笑顔をもってサービスする場合もありましょう。礼儀をもってサービスする場合もありましょう。あるいは働きをより正確にすることによってサービスすることもありましょう。

（中略）サービスという言葉が適当でないなら、それは正しい礼儀である。そういうことすらもしない人が、このうちにあるんじゃないでしょうか。あるとすればただちに私はやめてもらいたい。

今日サービスをしない者はダメだと私は思うんであります。それは得るところのみを知って、人に与えることを知らん人間であると思うんです。もし松下電器が、**売ることのみを考えて、顧客にサービスするとか奉仕するということをしなかったら、一夜も持たずつぶれてしまうでしょう**」

「何が正しいか」を問いつづける

松下幸之助は、価値判断のできる人間を育てることの必要性について、次のように述べています。

「価値判断が適正ならば、自己判断もできます。自己判断のできない人は、価値判断もできません。だから、そういうような人が集まっても、それは単なる烏合《うごう》の衆ということになります。しかし、あらゆる面に、あらゆる場合に、そしてあらゆるときに、それぞれのものについて**価値判断がある程度できるというそういった人々の集まりなら、何事もきわめてスムーズに運び、繁栄も平和も、これを得るのはそう難しいこと**

ではないと思うのであります。ところで、この価値判断というものを、いかにして社員に培養するか、これが問題であります。

（中略）私どもはお互いに、こうした努力をし、研究をし、そして少なくとも松下電器の社員として、価値判断のできる能力を逐次、高めていきたいと思うのであります。それが取りも直さず、個々の人の力となり、松下電器の力となり、そして、国家社会の力となると思うのであります」

価値観多様化の時代は、何が正しいかということが分かりにくくなっている時代です。その中で、人間の幸せ、社会全体の幸福につながるような、人間的に正しい価値観をどう選んでいくかということが大きなポイントになってきます。

われわれは常に「何が正しいか」と問いかけなければなりません。そういう習慣を身につけなければなりません。そして、正しさを考えたら、できるだけその正しさの隣に座るように努力をしなければならないのです。

「当たり前」のことを大切にする

松下幸之助は、些細《ささい》なこと、当たり前のことを非常に大事にする人でした。 真々庵《しんしんあん》（京都・東山《ひがしやま》山麓にある松下の別邸・現在 パナソニック迎賓館）に客を招くときも、小さいことにまでいろいろと気を遣いました。

私が松下幸之助に仕えてまだ間もない頃、十人くらいのお客様を真々庵に迎えたことがありました。松下は、二時間くらい前に真々庵に着き、準備状況を点検して、いろいろと指示を出しました。

庭に水を打つにも、お客様が来られたときに玉砂利や苔《こけ》がまだ十分に濡れているように、何分前に打てばいいのか、タイミングをはかるよう念を押しました。お客様に庭をどのようなコースで歩いていただくのか松下自身が検討し、今日はこのコースでいこうということを決めました。

そして実際に庭を歩きながら、「君、ここで止まって、こういう説明をしたらええな」と指示を出しました。お客様に来ていただく以上は、全身全霊をあげてお迎えしようという姿勢が一つひとつの指示からうかがえました。

松下と一緒に庭から座敷に引き返したときでした。松下が座敷に入るなり、「君、座布団がまがっとる」と言うのです。私の見るかぎりまがっているようには思えなかったのですが、松下は座布団が並べられている端に立って「何番目が出すぎている」「何番目が引っ込んでいる」と直すように指示されたのでした。

こんなところまでと思いましたが、言われるままに手直しをしました。すると今度は、「君、その座布団が裏返しや」「そっちのは前後ろが逆や」と言われ、さらには、「灰皿の並べ方が悪い」とも注意されました。これもお客様に対する感謝の表れにほかならなかったのです。

そして、お客様が帰られるときには、玄関までお見送りし、深々と頭を下げ、車が見えなくなるまで立ったまま視線を送っていました。

こうした深々と頭を下げる見送りは、分け隔てなくどのようなお客様に対しても行っていました。松下幸之助にはじめて会った人はこのことに感激し、ますます松下ファンになっていったのでした。

第1章

熱意の量

君は強い願いを持っているか

何か事を成《な》すにあたっては、まず何よりもその実現を願うこと、〝こうしたい〟〝ああしたい〟という**強い願いを持つことが、その出発点ではないでしょうか。**

リーダーのひとつの大きな責任は、人を育てるということです。だから、誰しもいい人材を得たい、育てたいという願いを持っているはずです。

ところが現実には、願い通りに人が育っていくところもあれば、意に反して人が育っていかない、また人がどんどん辞めていくところも少なくありません。

このような違いが生じてくるひとつの大きな要因は、事の実現を願うという出発点にあるように思います。誰もが同じようによい人材を育てたいと願っているけれども、その願いが日々の行動を変えるほどに強いものであるのかどうか、またその強い願いを四六時中持ち続けているかどうか、そこに結果として大きな差が生じるひとつの原因があるのではないでしょうか。

「人をつくる会社」でなければならない

各事業所の人事担当課長、主任を集めた研修会の席で、松下幸之助がある人事課長にこう尋ねました。

「君がお得意さんのところに行って、松下電器は何をつくっているところか、と尋ねられたら、どう答えるかね」

「はい、電気製品をつくっております、と答えます」

それを聞いた松下の声が一段と大きく、かつ厳しくなったのです。

「そんなことを言うとるからあかんのや。君らは現場の人事担当者やないか。人事の責任者でありながら、人間を育成するのが会社の仕事であるということがちっとも分かっていない。だからそんな答え方をするんや。

松下電器は何をつくっている会社かと尋ねられたら、松下電器は人をつくっている会社です、あわせて電気製品をつくっております、と答えられないかん。そう答えられんのは、君らが人間育成に関心が薄いからだ」

机を叩きながらの熱弁はいつまでも続き、そのものすごい迫力に、入社早々のその幹部は、松下幸之助の人材育成にかけるすさまじいまでの思いを感じさせられたといいます。

情がなければ、人は育たぬ

松下幸之助は、松下電器が発展した要因のひとつに「人材に人を得たこと」をあげています。

けれども、最初から優秀な人材ばかりが集まったわけではありません。仕事の量に応じて一人ひとり従業員を増やしていきましたが、みずからが体が弱く病気がちで従業員に頼らざるを得なかった面もあり、松下は企業における人の大切さを身にしみて感じてきました。

だから、創業して十年くらいたった頃から、「松下電器は物をつくる前に人をつくる会社」「品質管理は人質管理である」ということを言い続けてきたのです。

「人を育てたいと願うこと」は、理論や科学ではなく、いわば「情」です。人間社会は「知」と「情」で成り立っているのであって、「知」とは知識や理性、「情」とは感情や感性です。だから、**経営者がいくら知識が豊富であったとしても、それだけで人が育ち経営がうまくいくとは限りません。**

やはり、情の面を忘れてはならないのです。願うということは、まさにこの「情」の面の大切な部分でしょう。

「願い」と「やる気」を持つ

松下幸之助は立志伝中の人物と言われていますが、成功への要素というものは皆無に等しかったのです。

明治二十七年（一八九四年）、和歌山県和佐《わさ》村に裕福な農家の八人兄弟の末子として生まれましたが、四歳のとき父親が米相場に手を出し失敗、九歳のとき尋常小学校四年で中退して、大阪・船場《せんば》の商家に奉公に出ています。

七人いた兄弟姉妹は幸之助が幼少のときに次々と亡くなり、両親に兄弟がなかったこともあり、二十八歳には天涯孤独になっていました。健康にも恵まれませんでした。

身寄りもなく、お金もなく、学問もなく、健康もないというようなないないづくしの人が、世界的な企業の総帥《そうすい》にまでなってしまったのです。

このことは戦後の日本経済の発展と同じように経済学、経営学ではとうてい説明がつきません。そこには松下幸之助の願いややる気がありました。**それが周りの不利な状況をプラスに変えていったのです。**

「熱意」があれば、人はついてくる

「私は学問は何もございません。体も丈夫やございません。そう人よりすぐれた知恵もございません。けれども、店を経営していこうということについては、誰よりも熱意を持たねばいかん。

それだけが自分として一番大事なことである。**その熱意があれば、そんなにおやじが考えているんだから、われわれも働いてやろうやないかというような気分がそこに生まれてくる**。こういうふうに思うんです。

しかし知恵、才覚が人にすぐれた首脳者でありましても、熱意というものがなければ、そのもとに働く人々も働こうという気分にならないと思うんです。みずからは何物も持っていなくても、この店を経営しようという熱意があれば、知恵あるものは知恵を、力あるものは力を、才覚あるものは才覚を出して、多くの人が協力してくれるだろう、こういうふうに考えております。（中略）ただ心配なのは、自分が誰よりも、この会社を経営するという責任の自覚を持っているかということであります。それがなければ、人は去っていくだろう。また去らないまでも、自分の持てる知恵才覚を会社のために店のために提供するということがだんだん薄くなっていくだろう。それでは具合悪い。（中略）かりに一万人なら一万人の人間がおっても、会社を経営するという熱意だけは最高でなくてはならない」

リーダーに熱意があれば、皆がそれぞれに持てる能力を存分に発揮します。そこから人が育っていきます。松下幸之助はそう考えていました。

もちろん、技術やノウハウも大切であり、最近ではその部分が強調されることもありますが、**精神的なもの、願いややる気を軽視してはいけません。**この二つがあいまって大きな力を発揮するのです。

さらに言えば、願いややる気が技術や新しいやり方を生み出すこともあります。問題は、いい人材を育てたいという願いが、本当に自分の心の底からの強い願いにまで高まっているかどうかです。

第2章

真理をつかむ

自分の「持ち味」を追求する

松下幸之助は、ある経営ゼミナールで次のような話をしています。

「この研修を受けてな、皆それぞれ各自の持ち味があるからな、その持ち味を生かさんとあかんな。これはひとつの共通の考え方やな。（ぼくは）このときはこういうようにやったけどな、今は時代も変わっているから、そのまま通用するかどうか分からん。けどね、その精神を現在の時代なり、現在の商売の状態に合わして自分で考えないかんな。そやないと『本読み』になってしまう。それでは具合が悪い。本を読んで自分の個性なり特徴を生かしてやるやろ。それを『本読み』になったらあかんわな。

（中略）まあ、ぼくがやってきたのは、よそで聞いたこともあるけれど、大部分は自分の独創的な考えで、やったわけやな。そやけど、まったく独創かというと、そうやない。やはり小さいときから奉公したりして、いろいろ親方から教えてもろたりしている。それが頭に残ったりしてるわけやな。そういうものがひらめいて、自分というものを生かしているわけやな。

商売なら商売というものについて考えたら、みんな行き方が違う。みんな違うてそれぞれに成功している、ということがあるから、**こういう行き方でないとあかん、ということはあれへんわけやな。だから自分というものを発見せないかんわな。**こういうものを聞いたり何かしているうちに、型にはまってしまったらなんにもならん」

人間にはそれぞれに異なった個性、持ち味があるから、人の商売の真似をしても成功するものでもなく、商売の理論を知り、人のやり方を参考にして、自分に合ったやり方を体得しなければなりません。経営者はこのことをよく認識し、仕事の実践を通じて人材をいかに育成していくかを常に考えていなくてはならないと言えます。

あえて試練を与える

人間の心は不思議なものです。順境が続くと、どうしても油断して心が緩みがちになります。しかし、**現実に困難に直面すると、なんとか困難を克服しようと懸命に知恵を働かせ、努力をするようになるものです。**

企業での人材育成についても、万事順調のときより困難に直面したときのほうが人が育つ面が多いと考えられます。経営者、責任者のひと言も、より従業員の心にしみ込んでいくに違いありません。

だから、平時のときも、あえて困難の状態をつくりだし、それぞれの体験の中から商売、経営のコツを学んでいけるような指導が必要です。

仕事では、毎日がくり返しの連続のときもあります。そのとき、つまらないと思って過ごす人と、これもひとつの体験だと受け止めて日々新たな思いで当たる人とでは、そこに大きな差が生まれるでしょう。

後者には必ず新しい発見があるはずです。そのように、体験が自分のものになるような方向に導いていくことが大切だと思います。

物事の「真理」をつかむ

ＰＨＰ（繁栄によって平和と幸福を）の研究では、古今東西の衆知に教えを請いつつ進めていくという考えがあります。

ある会の席で一人から、「古今東西の衆知を集めると言いますが、そうだとすれば万巻の書を読まなければなりません。それではいくら時間があっても足りません。日暮れて道遠しです。どうすればよいのでしょうか」という問いかけがありました。それに対して、松下幸之助はこう答えています。

「万巻の書物は読まなくとも、真理に対する心のアンテナを張ると、書物を見るのと同じようになるのです。真理はすべて日常の事象の中に具現されている。この部屋の額を見ても、あれにも先哲の教えが入っている。現在の創作も全部入っているのです。そこからそれを抽出させようというわけです。

（中略）『本を読まずに、どうして真理が分かりますか』と尋ねられれば、『それは、本に研究されて書いてあります。そういう原理原則は万巻の書物にちゃんと研究してあります。普通は本を読んで研究しますが、それ以上によく説明しているところの姿がありますよ。それは現実という書物ではありませんか』と、こうなるのです。

（中略）本は動的な原理を静的に説明しております。それでは原理は真に分かりません。先哲の見いだした原理は、動的に動かさなければならない。本だけでは静的なのです。それを動的に見ることが大切です。

動的というと、つまりこれは世相、事物が動いている姿です。本に書いてあることが実際に動いている。お分かりになりませんか」

松下幸之助は、みずからの事業体験を通じて、自然万物、社会の動き、あらゆるものに真理は宿っている、そしてそれは注意深く見ていけば体で感得できると考えたのです。

松下は「経営学は教えられても経営は教えられない。みずから悟るしかない」「経営のコツここなりと気づいた価値は百万両」という言葉を残していますが、**体験と見聞を重ね、みずから悟ってこそ、知恵は本物になるということを言いたかったのです。**

第3章

理念を示す

部下には「三つのこと」を言いつづける

一所懸命努力して、〝いい結果が出せた〟と思ってリーダーに報告したら、「そのような結果は期待していなかった」

そう言われるくらい悲しいことはありません。まして、叱られたり文句を言われたらなおさらです。

しかし、それは部下の責任ではありません。はっきりと指示しなかった上司の責任です。**部下にやる気を起こさせ育てるためには、方針を明確にし、それを訴えつづけなければなりません。それには三つの要素が必要です。**

一つ目は〝なんのために、どのようなやり方で〟という「経営理念」、二つ目は〝こうなりたい〟という「将来のビジョン」、三つ目は「具体的な目標」です。

松下幸之助は、この三つのことをいつも明確に示してくれていました。だから、努力の方向を確認することができたし、非常に仕事がしやすかったのです。

なんのために
この会社は存在しているのか

ある週刊誌を発行している出版社の人がいました。その人はいつも、「こんな週刊誌をつくっている自分が情けないですよ。できることなら辞めたいと思っているんです」と言って、編集長であることを恥ずかしく思っているようでした。私はその人を気の毒に思うと同時に、この出版社の経営者は自分の会社がなんのために存在しているのかということを社員に話していないのではないかと思ったものです。

どのような会社にも存在価値はあるはずで、経営者はその方向をはっきり見定め、社員に力強く示さなければなりません。「なんのためにこの会社が存在しているのか、どのようなやり方で行っていくのか」という考え方が、すなわち経営理念です。

その**経営理念が正しいものでなければならないのは言うまでもありませんし、正しくなければ企業として存続し得ないでしょう**。正しさとは、大変難しい問題ですが、人間の幸せ、社会の発展に結びつくことと考えてもいいのではないでしょうか。

以前、ジャンボ機が群馬県の御巣鷹山《おすたかやま》山中に墜落して大騒ぎになったことがあります。たしかそれから一カ月ほどして、東京の企画会社がつぶれました。その裏には、次のようなことがありました。

その会社の社長は、社員を御巣鷹山に登らせて、リュックに事故現場の土をいっぱい詰めて持ち帰らせました。そして、その土を小さな化粧箱に入れて一箱五万円で遺族に売る商売をはじめたのです。それに対して遺族の人たちは激怒し、マスコミはその会社を徹底的に叩きました。それでその会社はつぶれてしまったのです。

極端な例ですが、これも、その会社の社長が儲けることだけ考えて、正しい経営理念を持ち得なかったか、守り抜かなかったところに原因があると考えられます。

会社の「使命」を考える

松下幸之助が経営理念を確立したときのいきさつは次のようでした。

昭和四年（一九二九年）の未曾有《みぞう》の不況を乗り切ってから三年、松下電器は順調な歩みを見せていました。

しかし、**松下はこうした伸展を喜びつつも、商売に何か物足りなさ、空虚さを感じていました。**自分のところが順調にいけば近所の同業者がうまくいかないといったことが起こってきて、〝このような商売を続けていっていいのだろうか〟〝商売とはなんなのだろうか〟と悩み続けていたのです。

そんなある日、知人のすすめで、ある宗教団体の本部を見学する機会を得ました。行ってみて驚きました。本殿の大きさ、用材のすばらしさ、普請の見事さ、それに塵《ちり》ひとつ落ちていない清浄な雰囲気。

教祖殿は建築の真っ最中でありましたが、現場で作業している人たちは皆、奉仕の信者で、生き生きと喜びにあふれていたのです。

帰りの電車の中で、その日に見た光景が次々に浮かんできます。夜、床についてもその日の興奮はさめず、なかなか寝つかれませんでした。

〝なんという繁栄ぶりか、なんと立派な経営か。不景気で倒産が出たり、金儲けだと軽蔑されたりするわれわれの業界とは大変な違いではないか。どこが違うのだろう。宗教の仕事とはいったいなんだろう〟

宗教と事業に思いをめぐらし、いろいろ考えた末に、ハッと気がついたのです。これだと悟ったのです。

それは宗教には人間を救うという大きな使命感があるのに、商売には確固とした使命感がないことです。

宗教は悩める人を救うという「聖なる事業」かもしれない。しかし、本当は**われわれの仕事もまた、人間生活の維持向上に必要な物資を生産し、この世から貧をなくす「聖なる事業」ではないか**。われわれ産業人も自分がやっていることの究極の意義をしっかりと自覚しなければならない。

こうして松下幸之助は、全店員を大阪中央電気倶楽部に集め、松下電器の真の使命を明らかにしました。そのときから松下電器の発展はさらに力強いものとなったのです。

第4章

理想を掲げる

心に若さを持ちつづける

松下幸之助は、生涯、青春の中にいた人でした。アメリカの詩人、サミュエル・ウルマンの詩に共感し、次のような「青春」の詩もつくっています。

青春とは心の若さである
信念と希望にあふれ、勇気にみちて
日に新たな活動を続けるかぎり
青春は永遠にその人のものである

七十歳になっても八十歳になっても若々しい人もいれば、三十歳、四十歳で若さをなくしてしまっている人もいます。

その違いはどこから生まれてくるのかと言えば、この詩でうたわれているように、心に若さがあるかどうか、つまり、**常に自分の夢を持ち、勇気と希望にあふれてその夢を追いつづけているかどうか、言い換えれば、日に新たであるかどうかによるのではないでしょうか**。

そのことは企業とても同じです。企業の寿命は二十年とか三十年とか言われていますけれども、経営理念を堅持しつつ、常に時代を読みながら、日に新たに変身を重ねていけば、製品に寿命はあっても、企業に寿命はないとも言うことができます。

そして、企業が若さを保てるかどうかは、経営者をはじめ、社員の一人ひとりが将来のビジョンを明確に持って、希望にあふれてそれをたえず追いかけているかどうかにかかっていると思います。

リーダーは啓蒙家《けいもうか》たれ!

リーダーには、日々熱心に仕事をする中で、みずからの商売なり仕事なり経営なりについて〝こうやってみたい〟〝こうありたい〟〝十年先にはこのような会社にしていきたい〟といった希望や理想があるはずです。リーダーにはそれらを次々と将来ビジョンとして力強く発表していくことが求められます。

ビジョンが明確になれば、それを追いかけようという希望が生まれます。さらに、そのビジョンと現実とのギャップが問題となり、その問題を解決しビジョンを現実のものにしようという意欲と、社員の間のまとまりが生まれます。それが若々しい活力を生みだすのです。そこからまた人が育っていきます。

もちろん、リーダーには一年先、二年先、あるいは五年先に世の中はこうなるだろうということを察知する、先見性が欠かせません。

しかし、最近のように変化の激しい社会では、思ったことが必ずしもそうなるとは限りません。そこで、先見性を持つことに加えて、〝十年先、二十年先にはみずからこうしよう〟という情熱を持って、その実現をはかっていくことがきわめて重要になります。

リーダーは、現状を分析し、未来を予測するアナリストであってはいけません。ビジョンを掲げ、新しい時代をつくっていこうと社員に呼びかける啓蒙家でなくてはなりません。

目標を示せないリーダーは去るべし

マラソンの選手が、あの長いコースを懸命に走りきることができるのは、ゴールに一分でも一秒でも早く飛び込みたい、という目標があればこそでしょう。

そのような気持ちが選手の持てる力を存分に発揮させる源《みなもと》になっているのではないでしょうか。

このことは、何もマラソンに限ったことではありません。企業の経営においても、社員が大いに実力を発揮するためには、目標を持つことが大きな力になります。その意味で、会社としての目標、それにもとづく個々の社員の目標を、社内に十分行き渡らせるのがリーダーの大切なつとめのひとつと言えるのではないでしょうか。

松下幸之助は「**適切な目標を示さず、社員に希望を与えない指導者は失格である**」とまで言いきっています。

実際、目標が与えられれば、社員の人たちの間には、その目標を達成しようということで、それぞれに創意工夫する姿や、皆で協力する姿が生まれてきます。そこからおのずと人も生き、成果もあがってくるでしょう。

しかし、目標がなければ、社員の人たちは持てる力をどこに向けて発揮し、結集したらいいか分かりません。したがって、その活動にはもうひとつ力が入らない。当然、十分な働きも生まれず、仕事の成果もあがらない、ということになってしまいます。

目標は、ぎりぎり達成できる高さにする

目標は、あくまでも適切なものでなければなりません。全体の目標にしても、個人の目標にしても、その実力に応じて、達成の意欲が高まるように設定される必要があります。

百の力を持っている人に千の力のいる目標を与えたのでは、〝上司はムチャばかり言う〟と、かえってやる気を失ってしまうし、反対に、五十の力でできる目標を与えれば、〝なんだ、バカにして〟と、これまた意欲の低下をきたしてしまう。

だから、人を育てようとする場合には、各人の能力や適性をよく見極めたうえで、

適切な目標を与えることが大切なのは言うまでもありません。

そして、仕事を達成した時点で、成果について正しい評価を行えば、部下はそれによって自信を得、また新しい困難な仕事に取り組もうという意欲を湧かせます。それに対して上司は、さらに高い目標を与えていきます。こうしたプロセスの中から、人の能力が磨かれ育っていくのです。

〝窮《きゅう》すれば通ず〟という言葉がありますが、窮すれば集中力が生まれるからであろうか、思わぬ知恵や力が人の心に生まれてきます。

例えば、一週間かかってつくっていた資料を、何かの事情で三日でつくらなければならなくなった。〝さあ大変、これはちょっと無理かな〟と考えたことでも、やってみればなんとかできた、といった経験は、誰もが持っているでしょう。

部下に目標を与え、こうした〝窮した状況〟をつくりだすことも、リーダーが人を育てるためになさねばならない大切なことのひとつです。

目標は自分で決めさせる

たとえ適切な目標であっても、一方的、命令的に与えたのでは真に力強い目標にはなりません。

人間には、**自分から言いだしたことについては一所懸命になりますが、他人から言われてしぶしぶすることには力が入らないという一面があります**。

だから、その目標が、それぞれの社員に、自分のものとして受け取られるような工夫をすることが大切です。

例えば部下に対して、「全体の目標はこうだ。そこで、君の目標はこのあたりにしたいのだが、どうだろう。君の力からすれば大丈夫だと思うが……」と相談をかけてみます。すると、その社員は自分の考えを言うでしょう。それが、〝なるほど〟と思えるものであれば、取り入れて目標を決めていくようにします。

そうすれば、部下はその目標を自分が決めた「わが目標」として受け止め、目標達成への努力にも熱心さが加わり、生き生きとした活動を展開してくれるでしょう。

君は「素直さ」を持っているか

私が、松下政経塾の参与をしていたとき、塾生が相談に来ることが多くありました。

松下政経塾は、昭和五十四年（一九七九年）、二十一世紀を担う政治家や実業人を育てたいという願いから、松下幸之助が神奈川県の茅ケ崎に設立した塾です。

昭和六十二年（一九八七年）頃でしたでしょうか、塾生のK君が訪ねてきました。そして、「どうも自分は政治家には向いていないように思う。実業界で仕事をしたいけれどもどうだろうか」と言うのです。そこで、「君、そういうふうに本当に思うんだったら、実業界に行けばいいと思う。**自分の人生なのだから、自分が納得した道を歩め**

ばいい。チャレンジしてみればいいんじゃないか。私も応援するよ」と答えました。

「ところで何かあてでもあるのか」

「いや、実は先だってあるパーティーでA社の社長にお会いしましてね。うちの会社に来ないかと言われたんです。A社をどう思われますか」

「A社はいい会社だよ。いい会社だけれど、パーティーで社長に声をかけられたからといって、それだけで行くというのは軽率だよ。本当に受け入れてくれるのかね」

そんな話をしましたが、しばらくして、K君がまたやってきました。

「入社しました。社長室に配属になりました。これから大切なことはなんでしょう」

と言うので、「今からすぐ社長のところに行って、こう言いなさい。私はA社に自分の命を懸けたいと思う。そのためにA社のすべてを知る努力をしたい。そのために自分を仕事の一番厳しいところに配属してほしい。できることなら営業所、それも地方のほうがありがたいと」。こういうアドバイスをしたのです。

その後間もなく、「長野営業所に決まりました」と報告にやってきました。そこで私はまたこう言いました。

「長野に行ったら二つのことが大事だと思う。それは、三年間は辛抱すること。もう一つは、その三年間に一回でもいいから全セールスマンのトップになることだ」

私はそう言いながら、本当にトップになるとは思っていませんでした。努力目標を持ってほしかったのです。ところが、驚いたことには、彼は十一カ月目でトップに立ってしまいました。私は、所用で上諏訪へ行った帰途、松本に彼を呼び出しました。

「おめでとう、本当によくやったな。しかし、三年間は辛抱しろよ」

「はい、そのつもりです。もう一回トップが取れるよう努力します」

「ところで、トップを取るためにどのような努力をしたんだ」と聞いてみますと、彼は、競馬や株、お茶やお花などの勉強をしたというのです。商品を売るということにも、その家の奥さんやご主人の趣味に合わせて話を進めていかなければなりません。一所懸命勉強をしながら、朝から晩まで走り回ったというのです。

それから半年ほどたって、本人から電話がかかってきました。「社長が本社に戻ってこいと言うのですが、どう考えたらいいでしょうか」ということでした。私は「それもいいだろう」と言っておきました。

彼は本社に戻り、経営企画室に配属されました。

私はそのときにも二つのことをアドバイスしました。

「君は社長に引っ張られて会社に入った人間であるだけに、ほかの社員の中には快く思っていない人もいるかもしれない。だから最初は自分の意見を言うことをできるだけ控え、とにかく勉強することだ。もっと会社のことを知ってから発言をしたほうがいい。もう一つは、**機会があったら社長のところに行って、『自分はできることなら、できるだけ小さい子会社に行かせてほしい』と言いなさい」と言ったのです。**なぜかといえば、男のロマンというのは、大きいものを大きいままに保つのではなく、小さいものを大きくしていくところにあると考えたからです。

彼は、社長にそう言いました。社長は大変喜んだといいます。なぜなら、〝土日株式会社〟の発想を持っていたからです。日頃、会社で自分の本当の力が発揮できずに仕事をやっている人で、休みの土曜日、日曜日に存分に自分の持っているものを発揮したいと思っている人がいるはずで、そういう人々を集めて会社をつくったらどうか、というアイデアを温めていたからです。

社長は、「そんなにやる気があるなら、一億円の会社をつくって、その社長になれ」と。そういうことならばと、彼はコンピュータ・ソフトの会社をつくりました。ベンチャービジネスにおける弱冠《じゃっかん》二十九歳の社長の誕生です。ここで言いたいのは、私のアドバイスがよかったということではありません。K君が私のアドバイスを自分の心からの目標にまで昇華させ、それに向かって懸命に努力した、それがよい結果につながったということです。

いずれにしても、**ひとつの目標を達成したら、また次の目標を、というように、適切な目標をタイミングよく示し続けるのが、リーダーにとっての大事な仕事です**。その大事な仕事の遂行《すいこう》に怠《おこた》りがないか、日々チェックしていくことが、人を生かし育てるためにやはり欠かせない心得だと思います。

第5章

思いを伝える

百伝えるには、千の思いをもって伝える

意思を伝達する原則の一番目は、「百伝えるには千の思いで伝える」ことです。自分の意思というのは、伝わって末端に行くほど小さいものになっていきます。よく知られている心理学の実験があります。

十人の人を並べて最初の人に一枚の絵を見せ記憶してもらいます。そして、その人がどのような絵なのかを次の人に伝えていきます。次の人がまたその次の人へというように、次から次へと伝えていきます。そうすると十人目の人が話すときには、ずいぶん単純な絵に変わっている、というものです。

話の伝わり方も同じです。社員一人ひとりに百のものを伝えようと思えば、リーダーは千の思いを持たなければなりません。そうでなければどんどん減って、百は結局ゼロになってしまいます。だから、自分自身の気持ちをよほど盛りあげていかなければならないということです。

ベートーベンの言葉に「心より出づ、願わくば再び心に至らんことを」というのがあります。**真に心から出たものでなければ人の心にしみわたっていかない**ということなのでしょう。

経営理念にしてもビジョンにしても、リーダーの心から出たものでなければ説得力を持ち得ません。だから、それらが、みずからの信念にまで高まっているかどうか、社員になんとしても話さなければならないという、たぎるばかりの情熱にまで高まっているかどうか、ということが、やはりまず第一に大切だと思います。

くり返し、くり返し話をする

意思を伝達する原則の二番目は、「くり返し、くり返し訴え、話をしていく」ということです。私たちはともすると、〝前に一度言ったからもういいだろう、分かってくれているだろう〞と考えがちですが、自分の意思を一回で伝えることができると思うのは、人間としてきわめて傲慢《ごうまん》なことだと思います。

部下に自分の意思を伝えていくこと、あるいは部下を指導するということは、夏の芝生の雑草取りのようなものかもしれません。**芝生の雑草は、取ればまたすぐ生えてきて、一度取ればもう生えてこないというものではありません。**だから、三日に一回、一週間に一回、雑草を取っていかなければなりません。

自分の意思を伝えるのも同じことで、根気のいる仕事ではありますが、その根気がなければリーダーの思いは社内、部内に浸透せず、人も育っていかないということになるのではないでしょうか。

松下幸之助は、昭和八年（一九三三年）から朝会、夕会を設け、そこで数年間ほとんど毎日のように話をしていました。

例えば、昭和十七年（一九四二年）、松下電器の分社、満洲無線工業株式会社の社長経営方針の中で、松下は幹部社員への要望として次のような一項目を入れています。

　経営者タルモノハ部下ヲシテ「今指導者ハ何ヲ考ヘテ居ルノテアラウカ」トノ如キ不安ヲ寸毫《すんごう》モ懐カシメサルコト　自己ノ理想　希望　要求等ハ常ニ部下ニ繰リ返シ繰リ返シ（傍点筆者）話シ置キ部下ヲシテ其レヲ克ク認識セシメ置カレタキコト

当時の松下電器の社員は、きっと、会社の方針をよく認識して仕事に当たっていたに違いありません。そういうところから人が育っていったのだと思います。

誤解が生じない話し方をする

意思を伝達する原則の三番目は、「分かりやすく、誤解が生じないように工夫する」ということです。そのためには、相手の理解レベルに合わせる、例を入れる、確認するなどが必要です。

また、伝えるだけではなくて、**なぜこういうことが大事なのかという「なぜ」という理由を説明することが重要です**。

「挨拶をしなさい」「伝票は早く回しなさい」というだけではいけません。「なぜ挨拶をしなければならないのか」「なぜ伝票を早く回さなければならないのか」をリーダーは、同時に十分説明しておく必要があります。

もし、そのことを自明の理としておろそかにすれば、何を言われているか分からないという若い人が必ず出てきます。何を言われているのか分からなければ、言われていないのと同じことになります。

「正確に伝わらないものだ」を前提に話をする

経営理念やビジョンは社員に浸透してこそ、それが行動指針となり、会社に人が育つ風土も生まれます。しかし、理念やビジョンに限らず、自分の思いを伝えることはなかなか難しく、〝自分が言いたかったことが正確に伝わらない〟という経験は誰でもが持っていると思います。その理由はいろいろあるでしょう。まず、レベルや立場の違いです。体験の豊富さのレベル、知識の高さのレベルが違えば思いは伝わりにくいものです。人生経験豊富な大人が小学生に高尚《こうしょう》な人生論を説いても小学生には分からないだろうし、ノーベル賞を受賞した科学者が私たち素人に専門の話をしてくれたとしても、私たちには分からないでしょう。

昔の狂歌に、「手を打てば、下女は茶を汲《く》み、鳥は立ち、魚《うお》はよりくる猿沢の池」というのがあります。奈良にある猿沢の池のほとりで手を叩けば、近くのお茶屋の女は、自分が呼ばれたのだと思ってお茶を汲んで持ってきた。池の鯉は、餌がもらえるのではないかと寄ってきた。鳥は、追い立てられるのではないかとバタバタと逃げていった、という意味です。同じ手を叩く音を聞いても、**それぞれの立場によって解釈の仕方が違う**ということです。

また、相手との会話、コミュニケーションでも、自分の記憶が定かでないために言い間違いをすることもあれば、相手が聞き間違うということも多く、聞き間違う理由も発音の仕方、言葉足らず、言い回し、ニュアンスなどさまざまです。

もっと決定的なものに、感覚の違いということもあります。例えば「好きだ」という言葉ひとつとっても、相手がそれをどのように受け取っているか分からないのです。

そうした微妙なズレは覚悟しなければなりません。

「風の音にも悟る人」になる

私は、かつて松下幸之助に、「風の音にも悟る人がいる」と叱られたことがあります。以下はそんなことを感じさせるエピソードです。

松下幸之助が、中小企業の経営者の方々を対象に「ダム経営」について話したことがありました。ダム経営とは松下の持論で、川にダムをつくり水を貯め、干ばつに備えたり洪水を防いだりするように、企業も資金、人材、技術などあらゆる経営資源のダムをつくり、余裕のある経営をしようということです。

話が終わって、四百人ほどいた経営者の中の一人が質問をしました。「松下さんはダム経営ということが非常に大事だとおっしゃった。(中略)けれど、私どもにはなかなか余裕がなくてそれができない。どうすればダムがつくれるのでしょうか」

これに対して松下は、「そうですな、簡単には答えられませんが、やはりまず大切なのはダム経営をやろうと思うことですな」と答えました。

会場からは笑い声が起こりました。それは〝なんだ、そんなことか〟という笑いでした。しかし、その中に一人、身の震えるような感激と衝撃を受けた人がいました。

「そのとき、私は本当にガツーンと感じたのです。(中略)〝やろうと思ったってできませんのや。何か簡単な方法を教えてくれ〟と、そういうなまはんかな考えでは、事業経営はできない。〝できる、できない〟ではなしに、まず、〝そうでありたい。オレは経営をこうしよう〟という強い願望を胸に持つことが大切だ、そのことを松下さんが言っておられるのだ。そう感じたとき、非常に感動しましてね」

四百人の中で、そのように受け取った人は一人しかいなかったと言っていいかもしれません。その人は京セラを創業して間もない頃の稲盛和夫氏でした。

達人でなければ、達人を知ることはできない

京都・東山にある松下幸之助の別邸、真々庵《しんしんあん》の庭は、東山を借景に取り入れ、真ん中に池があり、周りを巡りながら鑑賞ができるようになっている、いわゆる池泉回遊《ちせんかいゆう》式《しき》の庭です。池の水は、琵琶湖の水で、疏水《そすい》から流れ込んでいます。

そこに、松下幸之助を訪ねて、当時の九州松下電器の責任者A社長がやってきたことがありました。

松下は庭にA氏を案内して、「君、この水はきれいやろう。どんどん流れてくるけ

れど、安いんやで」と言いました（当時は、水はたいへん安かった）。その言葉を、A氏は、〝会長（当時）は、この私に松下電器の経営理念を忘れるなということを言っておられるんだ〟と受け止めたといいます。

松下電器には、生活により必要な物資を、より安く、水道の水のように豊富につくって世の中を豊かにしていく、それが産業人の使命だ、という経営理念があります。そのことを言っているのだと考えたというのです。

松下が、本当にそのような意図で言ったのかどうかは分かりません。もしそのような謎かけであったのなら、達人が達人を知るということになるのでしょう。しかし、もし松下にそうした意図がなかったとすれば、そのように受け止めたA氏の力量が浮かびあがってきます。

つまり、**何かの話を聞いて、全くそこから何も得ることができない人もいるし、二〇〇パーセントのことを得る人もいます**。だから、一回の話を聞いて、より多くを得ることができるような社員や部下を育てることが肝要でしょう。

レベルの高い部下を育てていくためには、リーダーとしてのレベルが高くなくてはなりません。そしてまた、レベルの高い部下ができれば、レベルの高いリーダーにもなれます。

これは、ニワトリが先か卵が先かということになってきますが、相互作用でますます高まっていくということでしょう。

第6章

思い切って任せる

可能性を見極める一番の要素は、熱意があるかないかである

仕事を任せられる可能性を見極める要素には能力や知識、技術などいくつかありますが、私は、もっとも大事なのは熱意だと思います。熱意というものは、いわば成功へのかけ橋です。だから、**何かを行うときには、「ぜひ自分がやりたい」という思いの強い人に任せることが成功につながる**場合が多いのです。

ＰＨＰ研究所での仕事も、おおむねやりたい人、熱意のある人にやってもらうことにしてきました。「ＰＨＰ友の会活動」をはじめたときもそうです。以下は、そのときのエピソードです。

ＰＨＰ研究所の普及部（一般の会社では営業部）にＯ君がいました。そのＯ君が「友の会をＰＨＰ研究所内につくって、今、全国でできつつあるグループをぜひ育てたい」と言いだしました。

研究所が創設されて間もない頃にも、ＰＨＰの実践運動としてＰＨＰ友の会がつくられ、関西地区を中心にかなり活発に活動していましたが、戦後間もない時代であったため生活するのが目いっぱいで、その活動はいったん中止されていたのです。

私は、Ｏ君の再三の訴えに、松下幸之助にそのことをお願いしてみようということになり、Ｏ君を連れて松下を訪ねました。

応接間で待っていると、しばらくして松下は、笑顔で、「やあ、江口君、なんや。報告を聞くわ」と入ってきました。ＰＨＰ活動の状況を報告し終わったあと、「普及部のＯ君です。きょうは友の会活動をぜひ再開したく、Ｏ君を連れてきました」と言って、Ｏ君に説明してもらいました。

Ｏ君は緊張の面持ちで、「ＰＨＰの運動を社会的に広めるために、同週刊誌「ＰＨＰ」

の愛読者グループが生まれつつある今、ＰＨＰ友の会運動をはじめなければならないと思います。どうか私にその友の会活動を担当させてください」と、一気に話しました。

松下はＯ君の顔をじっと見て、ゆっくりとした口調で諭すように、「そうか。そういう友の会が誕生しているんか。けど、もう少し待とうか。今はやめとこか」と言いました。Ｏ君の落胆ぶりは相当なものでした。帰り道、「いくら考えても、今やめておこうとのお考えには納得いきません」と、憤懣《ふんまん》やるかたないという表情でした。私は、「〝今はやめとこか〟と言われたのかもよく分かる。君はどうしたらよいと思うか」と尋ねてみました。

「ほんの七、八分の面談ですから、十分に友の会の必要性を認識しておられないか、または、私の熱意が足りなかったかのいずれかです」

「昔から友の会の必要性は認めておられる。となると後者のほうかな」

「ではもう一度チャンスをください。面接させてください、お願いです」

Ｏ君の熱意が私に伝わってきました。私は、数日後、Ｏ君に説明してもらう機会をつくりました。

「PHP友の会の活動をさせていただきたく再びお願いに参りました」

「ほう、二、三日前に、今はやめとけ、と言ったはずやが」

「はい、私がお願いするのは、私の決意についてお聞きいただきたいからです。私は、PHP友の会の活動をはじめたら、ズーッと続けます。一生を懸けてでも専念します。**一年遅くはじめれば、活動は一年遅れます。一年の遅れは、十年の遅れにもなりかねません。**だから、すぐにでもはじめさせてください。お願いします」

松下は、しばらく考えていましたが、O君の熱意を認めたのでしょう。「そうか。それならやろか。友の会事務局をつくり、O君に担当してもらうことにしよう。ただな、事務局に徹しなあかんで。あんたが友の会の会長になったら、あかん。会長を会員の中からにしよ。主体はあくまで各地の友の会ということを忘れんようにな」

O君の顔は感激で赤く染まっていました。それを見て私も感動しました。

仕事を任せて裏切られても、「部下を育てる授業料」と心得る

人間は、いわばダイヤモンドの原石のようなものと言えるでしょう。それぞれが光り輝く大きな可能性を秘めています。目標を目指し、みずから創意工夫を重ねるとき、その可能性が輝き現れてきます。そして、そのことに本人も幸せを感じるのです。

任せて裏切られるとか、損をするとかいうことも、ときにはあるかもしれません。しかし、たとえそういうことがあっても本望だ、それは社員を育てる授業料だ、というぐらいに徹することができれば、社員はその信頼に懸命に応えてくれるものだと思

います。

そうした**人情の機微《きび》に通じるところにも、人を生かし育てるひとつの道がある**のではないでしょうか。

最近では、ホールディング・カンパニー制を試みるところも少なくありません。ひとつの部門を会社の中の会社と見なし、売り上げから利益、資金まで、すべての管理運営をその部署の責任者に任せているところもあります。

また、独立した会社が二年間赤字であれば、その部門の責任者は責任をとって辞めなければならないとか、反対に利益をあげた部門の社員には、利益を還元するといったルールを決めているところもあります。

変化の激しく厳しい時代を生き抜く、すぐれた経営感覚を持った人材を育てるためには、こうした方法もきわめて大切なことのひとつではないでしょうか。

人材育成は、部下との真剣勝負である

もし部下に一〇〇パーセントを求めるのであれば、自分も一〇〇パーセントできるか、少なくとも一〇〇パーセントを目指さなければいけません。

部下にだけ厳しい追及をして、自分はいいかげんなことをしていれば、部下は、〃リーダーは厳しいことばかり言うが、言うだけじゃないか〃と意欲を失い、ついてはこないでしょう。

追及するということは、するほうもされるほうも大変ですが、**真剣な追及によって人はまた真剣になり、磨かれていくのです。**人材育成は相手との真剣勝負なのです。

リーダーはそのことを自覚し、追及のエネルギーを枯れさせないよう努めていかなければなりません。たしかに厳しく追及していけば、反発されたり、うらみを買うこともないとは言えません。

しかし経営はなんといっても人次第です。人を生かし育てていくために、リーダーは追及者であることを決してやめてはいけません。

「任せる」とは、放任することではない

リーダーが部下に仕事を任せるにあたって怠《おこた》ってはならないのは、任せたあと、必ず適時適切なフォローをするということです。

いかに人の性《さが》は善であり、信頼に値するとはいっても、任された仕事に関して、そのあと、責任者からなんの質問も追及もなく、任されっぱなしということになればどうでしょうか。それでも終始マイペースで、自分を鍛え向上させ、勤勉に励んで成果をあげていくという人もいるかもしれません。しかし、そういう人はいてもごくわずかでしょう。

人はとかく易《やす》きにつきやすいもので、他人の目や関心が寄せられていないと、ついついなすことにもうひとつ力が入らないといったことになりがちです。また**他人から追及され、責められて、どうしてもやらねばならないところに追い込まれて、はじめて自分でも思わぬ能力が発揮できるということもあります**。

だから、仕事を任せてそれっきりというのでは、本当に人は生きません。適時適切に報告を求め、足りないところを追及していくことが必要なのです。

任せた社員が壁にぶつかり、思い悩んでいれば、適当な助言や励ましを与えなければならないし、仕事の期限が迫ってくれば、ときに厳しい督促《とくそく》あるいは確認の言葉をかけることも必要です。

もちろん、任せた以上、あまり細かなことまで口を出すべきではありません。ある程度大目に見ていくことがその人を動かし育てることになると考えられます。しかし、もし、〝これはいけない〟と思うことがあれば、はっきりと言わなければなりません。

任せるということは放りだすことではありません。リーダーには、リーダーとしての最終的な責任があります。任せたあとの追及を怠ることは、自分が選んだ人を、みずから捨て去ってしまうのと同じです。リーダーとしては無責任と言えるでしょう。

とにかく、「任せっぱなし」では、人は育ちません。

第7章

長所に目を向ける

「君、そういうふうに思ったほうが面白いやろ」

松下幸之助は、心が豊かになる発想、元気が出る発想、人々が幸せになる発想、会社や社会が発展する発想など、実にすばらしい、面白い発想をする人でした。

あるとき、京都で有名な鮎《あゆ》料理屋、平野屋に私を連れていってくれたことがありました。その平野屋に行く途中、車の中で突然、松下が、「このあたり一帯は、わしのもんや」と言いました。PHP研究所に異動してまだ二、三年の頃のことであったから、松下がどこに土地を持っているのか私はまったく知りません。〃へぇ、この辺も松下さんの土地か。それは天下の松下幸之助だから、そういうこともあるだろうな〃と思ったものです。

するど松下は続けて、「これから行く平野屋さんも、わしのもんや」と言ったのです。

私は驚きました。今まで松下が鮎料理屋をやっているということは聞いたことがありませんでした。「ええっ、鮎料理屋さんも経営しておられるのですか」と、思わず尋ねてしまいました。松下はニヤリと笑って、「君、そういうふうに思ったほうが面白いやろ」と答えたのです。

「平野屋さんも、自分がやっている店だと考えたらいい。自分がやっているんだけれども、自分は本職の電器屋が忙しくて鮎料理屋まで手が回らない。そこで、鮎料理屋のほうは他人に任せている。

だから、これから鮎を食べにいくけれども、鮎の代金を払うんではない。自分のものを預かってやってもらっている人に、日頃よく管理をしてもらっているから、〝ありがとう〟という気持ちを込めて、そのお礼を渡すんだと考えるんや。**そう思えば、店に対する感謝の気持ちもより湧いてくるし、何よりも心が豊かになるやないか**」

「君、十軒に一軒も引き受けてくれたということは、すごい成果やないか」

「ＰＨＰ」誌がまだ二、三十万部の発行部数で、企業や団体への直接販売が中心であった頃、ＰＨＰ研究所の社員が全国の書店を回り、「買い切り」で取り扱ってもらうようお願いすることになりました。

当時「ＰＨＰ」はまだ有名ではありませんでしたから、「ＰＨＰとは何か」の話からしなければならなかったのです。また、書籍の流通は、書店が書籍を預かって、売れた分だけ代金を払うという委託販売方式が普通でした。そこへ「買い切りでお願いします」ということですから、なかなか書店さんも納得してくれませんでした。

あるとき、四国から帰ってきた社員が松下幸之助に報告しました。

「十軒回りましたが、一軒しか引き受けてくれませんでした」

その社員は、明らかに落胆した表情でした。しかし、それを聞いた松下はこう言ったのです。

「君、十軒に一軒も引き受けてくれたということは、すごい成果やないか。一〇パーセントの確率になる。これなら君、百軒回れば十軒は扱ってくれる。千軒回ったら百軒扱ってくれる。大きな成果に結びつくな。**これがゼロやったら大変や。しかし、一軒でもとってくれたということはすばらしいことや**」

その言葉を聞いた社員の顔が、急に光が射したように輝いたことを忘れることはできません。

「木下藤吉郎と明智光秀、自分は藤吉郎のような物の見方が好ましいと思う」

松下幸之助は、戦国武将織田信長に仕える二人の家来、木下藤吉郎と明智光秀には、信長に接する態度に違いがあったのではないかと、かつて言ったことがあります。

信長は気性の激しい武将でした。藤吉郎は、足軽から信長に取り立てられ、信長を決断の早い勇敢なすばらしい大将と、心から尊敬していました。だから素直に「大将の決断は見事です。だからわれわれも思い切って敵と戦えます」といったたぐいの賛辞を述べることも多々あったでしょう。

一方、光秀は、源氏の流れをくむ名家の出でした。日頃、信長に仕えながら、どう

郵便はがき

切手を
お貼りください

105-0003

（受取人）
東京都港区西新橋2-23-1
3東洋海事ビル
（株）アスコム

こんな時代だからこそ学びたい松下幸之助のリーダー学

読者 係

本書をお買いあげ頂き、誠にありがとうございました。お手数ですが、今後の出版の参考のため各項目にご記入のうえ、弊社までご返送ください。

お名前	男・女	才
ご住所 〒		
Tel	E-mail	
この本の満足度は何％ですか？		％

今後、著者や新刊に関する情報、新企画へのアンケート、セミナーのご案内などを郵送またはｅメールにて送付させていただいてもよろしいでしょうか？
□はい　□いいえ

返送いただいた方の中から**抽選で5名**の方に
図書カード5000円分をプレゼントさせていただきます

当選の発表はプレゼント商品の発送をもって代えさせていただきます。
※ご記入いただいた個人情報はプレゼントの発送以外に利用することはありません。
※本書へのご意見・ご感想およびその要旨に関しては、本書の広告などに文面を掲載させていただく場合がございます。

●本書へのご意見・ご感想をお聞かせください。

ご協力ありがとうございました。

も礼儀を知らない粗暴な人だ、一流の大将になるためにはもっと礼儀を身につけなくてはならないのではないかと考えていたと思います。だから、善意から「こういうことに、もう少し気配りをされたほうがよろしいのではないでしょうか」と諫言《かんげん》することもたびたびあったのではないでしょうか。

こうした二人の家来がいれば、どちらを好ましく思うでしょうか。気性の激しい、どちらかと言えば自己顕示欲の強い信長のことです。光秀に対しては、「いちいち細かいうるさいやつだ」と苦々しく思い、藤吉郎のほうをかわいがるようになっていったのでしょう。そこに信長と光秀の悲劇が生まれたのではないか、と言うのです。

そして、「自分は藤吉郎のような物の見方が好ましいと思う」と言っていましたが、松下自身そのような見方をしてきた人でした。大企業になるまでの松下電器を支えてきた人々を見ると、学歴の高い人は比較的少ないが、個性の強いバイタリティあふれた人が多く、そうした人を御《ぎょ》していくのは並大抵のことではなかったでしょう。しかし**強い個性に長所を見つけ、それを存分に発揮させた**のではなかったのでしょうか。

「人の能力を最大限に発揮できるようにすることが君の役目やないか」

戦国時代の武将、堀秀政《ほりひでまさ》の家臣に、見ているだけで憂鬱《ゆううつ》になるような、見るからにうっとうしい男がいました。ほかの家来たちが、「彼の顔を見ているだけで不愉快でなりません。世間でも、殿があんな者を召し抱えていると、もの笑いにしております。早くお暇をやってはいかがでしょう」と言いました。それに対して秀政は、「おまえたちの言うことはもっともだが、法事とか弔問《ちょうもん》にやるのに彼ほど適当な人物はいない。どのような人間でもそれぞれに使い道があるのであって、だから大名の家にはいろいろな人を抱えておかなければならないのだ」と言ったというのです。

松下幸之助も、ある営業所長が、「自分のところは新しい職場で、いろいろなところから人を回してもらっているが、どうもいい人が来ない、役に立たない人が多くて困っている」という話をしたのに対して、「新しい職場の責任者は大変やろ。けどな、松下電器の社員には役に立たない人はおらんはずや。もともと、そんな人を採用しているつもりはない。君は劣る人ばかりで困ると言うが、もし、そういう人があれば、その人を引き立てて、その能力を最大限に発揮できるようにすることが君の役目やないか。それを、新しい職場だから来る人が皆よくない人だ、と決めつけてしまっては、君、いかんやないか」と、叱っています。堀秀政と同じ思いであったのでしょう。

こうした見方ができたのも、みずからに学問がなかったこと、健康がなかったことなどによるのかもしれません。部下が自分よりよくできると思ったから、安心して任すことができた。体が弱かったから、部下に仕事を任さざるを得なかった。そのような経験から、それぞれの持ち味を生かしながら皆よくやってくれた。そこに、**人間それぞれが持つ個性のすばらしさを発見していたのではなかったのでしょうか。**

欠点を指摘するより、長所を見つける視点を持つ

リーダーが部下の短所にばかり目がいくと、〝この男はここがダメだ〟とか〝あの男はこの点がいまひとつだ〟と、すべての人にもの足りなさを感じることになります。そうすると、なかなか思い切って人を使うことができません。また部下のほうも、自分を分かってくれないと不満に思ったり、なんとなく萎縮したりして十分力を発揮することはできません。ところが、長所に目を向ければ、〝彼はなかなか折衝がうまいから、今難航している交渉に当たらせよう〟というように、各人の長所に従った生かし方が考えられます。そうなれば大胆に人を使えるようになります。

また、部下のほうも、「君は折衝力がすぐれているから、こういうことをやってくれないか。きっとできるはずだ」と言われれば、自分の長所が認められて喜び、「分かりました」と、一所懸命に働くことになるでしょう。そういうところから一人ひとりが生き生きと働き、みずからの力を伸ばしていける状況が生まれるのです。

もちろん、長所ばかり見て、短所をまったく見ないというのも好ましいことではありません。仕事が遅い人には、やはり早くできるよう指導していかなければなりません。しかし、**短所を見ずして起こるマイナスよりも、長所を見て生ずるプラスのほうが大きいことは確かでしょう**。

仕事がよくできるリーダーほど、とかく部下の短所、欠点に目がいきがちです。しかし、〝神経質なやつだ〟と思っていた人間を、〝緻密な人間だ〟と思えるかどうか、〝がさつで荒っぽいやつだ〟と思っていた部下を、〝バイタリティあふれた勇気ある人間だ〟と思えるようになるかどうか、そのようなところにも、人を生かし育てることができるかどうかの分かれ目があるのではないでしょうか。

使いにくい部下こそ使ってみる

文句や批判の多い人間は世話が焼けて困る、話していても不愉快になる、ともするとそのように考え、遠ざけてしまいがちです。しかし、松下幸之助はそうした部下をも逆にかわいがったのです。

関東大震災のあった大正十二年（一九二三年）も間もなく終わろうとしていたある日のこと。松下が工場に入ってみると、見なれぬ若い職人が旋盤を使っていました。どこの人かと尋ねると、「私はH工場のものです。ちょっと旋盤を拝借しています」

とのこと。H工場は松下電器の下請け工場で、急ぎの修理や旋盤の仕事をするときには松下の工場を使用していました。

青年は東京で震災にあい、職を求めて、つい最近、H工場に入ったばかりでした。しかし仕事ぶりは、手の動きや動作に素人ばなれしたところがありました。その後、数日たってH工場の主人にあったとき、松下は言いました。

「君のところにいい職人が入ったね。このあいだ、彼の仕事ぶりを見せてもらったが、なかなかいいね。よく間に合うだろうな」

「いやあ、大将、あれはダメです。文句ばかり多くてダメですわ。うちの仕事の方法について、なんやかやと文句ばかり言ってます」

「君はそう言うけれど、あの男は相当仕事ができると思うがね」

「実は弱ってるんです。いっそのこと、大将のほうで使ってくれませんか。うちではあれに適当な仕事はありませんから頼みますわ」

「君がそう思うなら、ぼくのところによこしたまえ。しかるべく使ってみよう」

そんな経緯で入社したこの青年が、のちに画期的な新商品、スーパーアイロンやラジオを開発し、技術担当の副社長として活躍したN氏です。松下幸之助は、N氏の批判精神に、彼の改善改革へのエネルギーを見ていたのでしょうか。

第8章

ほめる、叱る

人はほめて使う

松下幸之助の著書『指導者の条件』の中に次のような話があります。

加藤清正の家老に、飯田覚兵衛《いいだかくべえ》という武勇にすぐれた人がいました。その覚兵衛が隠居をしてから、こんなことを語ったというのです。

「自分は、はじめて戦《いくさ》に出て軍功を立てたとき、多くの仲間が敵の弾に当たって死ぬのを見て、もう武士は辞めようと思った。ところが戦が終わると、すぐに清正公から『きょうの働きはまことにみごとであった』と刀まで賜わったので、辞めそびれてしまった。

その後も合戦に出るたびに、今度こそはと考えたが、いつも時を移さず陣羽織や感状を与えられ、ほめられたので、それに心を打たれてとうとう最後まで自分の本心通りにいかず、ご奉公し続けてしまった」

当時〝清正陣営に覚兵衛あり〟と音に聞こえた勇者でも、さむらい奉公を続けた本当の理由が清正公にほめられ続けたことにある、というのはいささか意外な感じもしますが、**人間というものは、ほめられることによってそれだけ感激もし、発奮するということなのでしょう**。

たしかに私たちは、ほめられればうれしくもあり、自信もつきます。今度はもっと成果をあげてやろうという意欲も起こって、成長への励みとなります。反対に、自分の働きが人に認められないことほど寂しいことはありません。

だから、職場で人を生かし育てようと思えば、部下が何かいいことをしたとき、成果をあげたときには、心からの称賛とねぎらいを惜しまないことが、リーダーとしてのひとつの要諦《ようてい》でしょう。

叱るときは一所懸命、叱る

松下幸之助という人は、ほめることの達人でしたが、同時に叱ることの達人でもあったのではなかったかと思います。私は松下に仕えて、年中、ほめられ、ときに叱られもしました。

報告に行くと、「よくやっているな」「よくやったな」と、口先だけではなく、いつも心から言ってくれました。それは、さらに一所懸命に頑張れよ、という激励であったのです。報告に行って、頭ごなしに叱られるということはほとんどありませんでした。

しかし、ときには呼び出しを受けて、三時間以上も叱られ続けたことが何度かありました。

その日も、夕方、五時を回った頃、松下幸之助から「君、これから来いや」という電話がありました。声の調子で機嫌がよくないことは分かりましたので、私は慌てて車に飛び乗りました。

扉を開けて松下の部屋に入ると、松下はソファーに座っていました。そして、そういう機嫌の悪いときはたいてい新聞を大きく広げて読んでいました。

「こんばんは。遅くなってすみません」

と言う私に向かって、いつもの笑顔をまったく見せず、厳しい顔で眉間《みけん》に皺《しわ》をよせ、下からキッとにらみながら言いました。

「君は何を考えて仕事をしとるんや。これはなんや」

いつもなら横の椅子に、何も言われなくとも座り込み、やがて一緒に食事をする私であったのですが、こう強い口調で切り出されると座るわけにもいきません。立ったままで叱責を受けることとなりました。当然食事も出てきません。激怒しているのです。激しい言葉が次々に出てきます。

「この仕事で君が正しいと思うことはなんやねん」

ぼそぼそと答える私に、

「それが分かっておって、やっておらんということはどういうことや」

執拗《しつよう》に叱り続ける松下を見ながら、申し訳なかったと反省しつつも、何もこんなにまで叱ることはないのではないか、という思いが頭をよぎりました。

たしかに見方によっては松下の言う通りかもしれませんが、仕事には流れというものがあります。必ずしも正しいことばかりで仕事が進められるものではありません。そういうことを言いたいのですが、言えるような雰囲気ではないのです。

じっと立ち続け、聞き続けているうちに、チラリと時計を見ると一時間が過ぎていました。もう終わってもいいのになあと、口では反省の弁を述べていますが、考えていることはそのことばかりです。

しかし、それを見抜いているように松下の叱責は続きました。その言葉、内容は先ほどから同じことのくり返しです。もう黙って聞いている以外にありません。しばらくしてまた時計を盗み見ると、すでに二時間がたっていました。

私は、自分の半分の歳の部下に、これほどまでに情熱をかけて、一所懸命に叱ってくれる松下の姿を見て〝すごいな〟と思うようになってきました。そして、その叱責が心からありがたいと思われてきたのです。

それは、その**叱責が個人的な感情、私情にとらわれてではないということ、激しい怒りの言葉の奥に温かさ、優しさがあるということが分かったからでしょう。**

「分かったら、ええわ」

叱り疲れたのか、多少なりとも私が反省したのが分かったのか、つぶやくようにそう言って、もう遅いから帰れと言われました。夜の十時でした。

もう遅いから帰れと言われて帰る途中で、やはり今まで言われ続け、叱られ続けたことが頭の中を駆け巡り、申し訳なかったという思いが胸に広がりました。

当然、気分のいいものではありません。あした、顔を合わせるときどうすればいいかを考えると、心が重くなりました。もっと反省の気持ちを表すべきであったかもしれません。あれほど心を込めて叱ってくれたのに、このままにしておいていいのだろうか。

思案するうちに、〝そうだ、明朝早く松下さんのところに行ってこよう。もう一度お詫びをしよう〟と思いました。

翌朝、私は七時頃、松下の寝室を訪ねました。松下はまだ眠っていましたが、私は目を覚ますのをベッドの側の椅子に腰かけて待ちました。

やがて目を覚ました松下は、私が挨拶するとニッコリ笑って、

「えらい早いな、なんか用か」

と口を開きました。

「いいえ、きのうは申し訳ありませんでした。おっしゃる通りで、つくづく反省しま

した」

と私が言うと、

「いや、分かってくれたか。分かってくれたらそれでええ。あんまり気にせんでええよ」

と松下は言ってくれたのです。

その瞬間、いっぺんにそれまでの気まずさは消えてしまいました。あとは笑顔でいつものように雑談ということになりました。

それ以降、厳しく叱られたあとは、私は必ず松下を可能な限り翌日早朝に訪ねて、お詫びをすることにしていました。そのようにして、常に松下との間に気まずさを残さないようにしたことが、私が二十三年間松下に仕え続けることができた理由のひとつかもしれません。

心から叱れば、心ある部下はついてくる

私が経営責任者の立場になって気がついたことは、叱ったあとの気まずさ、心の重さでした。

私も部下を叱るときは感情的でないことを心がけつつ、一所懸命叱りました。この部下のため、この部下の成長を願えばこその思いで、部下を叱りました。

厳しく叱ったあと、部下が「すみませんでした」と頭を下げて部屋を出た途端に、思わず、厳しすぎたのではないか、叱りすぎたのではないかと、気まずい思いが心をよぎります。彼は私の言ったことを正しく理解し、本当に分かってくれたのだろうか。

叱ったあとはむなしさがいっぱい、砂をかむ思いがいっぱいでした。ときに夜、床に入り横になっても、昼間の光景が浮かんできます。そう思っているときに、翌日でも**その部下が訪ねてきて、「昨日は申し訳ありませんでした。これからは気をつけます」とでも言ってくれたなら、正直ホッとしたものです。**

「分かってくれたらそれでいい。あまり気にしなくてもいいよ」

気がつけば、私はいつの間にか松下と同じ言葉を使っていました。

心からの優しさをもって叱る

　松下幸之助には、人間に対しては、誰でも無限の能力を持っているという無限価値に対する絶対的評価がありました。

　また、企業に対しては、どのような企業でも公共のため、社会に役立つために存在している、だから、たとえ個人企業であっても、私のものではなく公のもの、つまり公器であるという考え方でした。

　松下は決して気の強い人ではありませんでした。けれども、ときとして激しい言葉、厳しい視線、思わずたじろがざるを得ないような叱り方をしました。それは尋常を超えるものでした。

というのも、**企業は社会の公器である以上、人を育てるのも公事、私的な感情でなすべきことを怠《おこた》ることは許されない**ということであったからでしょう。

また、その激しい叱り方に温かさと優しさが感じられたのは、そうした松下の人間観、企業観によるものであったからでしょう。だからこそ、松下幸之助に仕えた人たちは、叱られることを喜び、誇りとしたのです。

常に真剣勝負で臨む

『史記』の六十五巻に、中国最古の兵書を著した孫子についてのエピソードがあります。それは孫子が呉の国の王様に招かれたときのことです。王様は言いました。

「そちが書いた『孫子』十三編を読み、そちが兵法についていろいろと知識と見識を持っていることはよく分かった。ちょっとためしに軍隊を指揮して見せてくれないか」

「よろしゅうございます」

「女どもでも試せるかな」

「はい」

そこで、宮中にいる百八十人の女官が集められましたが、孫子はそれを二隊に分け、王様の愛姫二人を隊長にし、それぞれに戟《ほこ》を持たせて言いました。

「前と言ったら、正面を見よ。左と言ったら左、右と言ったら右を、後ろと言ったら後方を見よ」

このことを周知徹底したうえで、はじめに右の太鼓を打ちましたが、女官たちはどっと笑って、右を見ませんでした。

「取り決めが徹底しないのは、将軍である私の罪だ」

そこで、孫子は再び周知徹底をはかり、そのうえで左の太鼓を打ちましたが、女官たちはまたどっと笑って、まとまりがつきませんでした。

「命令が行き届かないのは将軍の罪だが、命令が徹底しているのに、その通りしないのは、隊長の罪だ」と、二人の隊長を前に出し、剣で突き殺した。**鮮血がピュッと飛び出したのを見て女官たちの顔色が変わりました。**

孫子は、おもむろに次の者を隊長に指名し、また太鼓を打つと、声ひとつ立てず整然と隊は動き出しました。

「もう、たとえ火の中、水の中でありましょうとも、王様のお望み通り動かすことができましょう」

王様は、愛姫が刺されてびっくりはしたものの、孫子が兵法にすぐれていることを知って、ついに彼を呉の国の将軍としたということです。

私はこの孫子のやり方に同意し難いのですが、孫子が、**怖さがなければ、つい、たるみがちになるという人間の一面**をよく知っていたことは確かでしょう。

第9章

耳を傾ける

聞き上手が部下を育てる

徳川家康は有名な聞き上手でした。あるとき、若い家臣が家康の前に進み出て言いました。

「ここに、以前から申し上げたいと思っておりましたことを、十カ条にまとめてまいりました。お目通しいただけませんでしょうか」

家康は快く応じ、かたわらの本田《ほんだ》正信《まさのぶ》に読み上げさせました。正信が一条ずつ読み上げるたびに、家康はうなずいて聞き、読み終わると笑みを浮かべて言いました。

「ご苦労であった。また気がついたことがあったら聞かせてくれ」

若い家臣が顔を紅潮させて退出するのを待って、正信が、「お役に立つことはひとつもございませんでしたな」と言うと、家康はそれをたしなめてこう言いました。

「そのようなことを言うものではない。たしかに役に立つことはなかった。しかし、そう言ってしまえば、二度と意見を出す気はなくなるであろう。すぐれた意見かどうかは、わしらが判断をすればよい。人の意見を聞くときの心がけは、たとえ未熟な意見であろうと、わしや徳川家のためを思う熱意と親切心をくみ上げていくことなのだ」

部下の言葉によく耳を傾けるリーダーのもとでは、部下は自主的にものを考えるようになります。自分の意見を聞いてもらえるのは、部下にとってうれしいことでもあるし、そこに自信も湧いてきます。それがまた、次々と新しいことを考え、提案することにもつながります。自主的に考え行動することが部下の視野を広げ、考え方を深めて次第に成長させ、自信を持って、生き生き、のびのびと仕事に励む姿を生み出すのです。

批判してくれる人こそ大切にする

松下幸之助の特徴のひとつは、意見する人や部下を大切にすることでした。

例えば、歯に衣着せず自分の思ったことをずけずけ言う立花大亀《たちばなだいき》老師（大徳寺・如意庵《にょいあん》住職）をわざわざ呼んで、いろいろ意見を言ってもらったり、自分や会社のことを批判してもらったりしていました。食事をしながら、「そうでんなあ。そういうところもありますなあ」と、反対する人を身近に引き寄せて話を聞いていました。

これは二つの意味でプラスになります。一つは、自分に反対していた者を知らぬ間に味方にして、自分の応援者に変えることができるということ。もう一つは、自分で気づかない問題点を知ることができる、情報を集めることができるということです。

会社の中においても、自分に反対する人、批判的なことを言う人、忠言してくれる人を大切にして、かわいがりました。だから、**批判していた人も、「松下幸之助さんはいい人だ」とか、「うちの大将はよい人だ」と言うように変わっていきました。**そして、松下幸之助を皆がサポートするようになりました。

リーダーにとって、自分についてくる部下も大事ですが、自分を批判する部下も大事にして、いろいろな意見を聞いておくということは非常に大きなプラスになっていくと思います。自分と意見が合わないからといって部下を排斥するのではなく、その意見を採用して改革していくということも非常に大事でしょう。

特に地位が上になればなるほど、率直な意見を言ってくれる人がだんだん少なくなることを知っておかなければなりません。忠告してくれる人が少なくなると、うぬぼれたり、調子に乗ったりして、結局つまずいてしまうことになります。批判してくれる人、諫言《かんげん》してくれる部下がいることは大変結構なことなのです。

内容ではなく、報告にきたことをほめる

人は誰しも、自分の話を聞いてもらうほどうれしいことはありません。ましてや、上司から「君の意見はどうだ。君の話を聞きたい」と言われて、喜ばない部下はいません。自分の意見を聞いてもらえれば、本当にやる気が出てきます。

しかも同じことを何回も聞かれれば、部下は勉強しなくてはいけないという気になります。

ただ、気をつけなければいけないのは、決して途中で切り捨ててしまわないことです。一回話を聞いていい答えが出てこないと、「こいつはダメだ」と決めつけてしま

いがちです。しかし一回や二回聞いて、それで不十分な答えをしたから、こいつはダメだと決めてしまうと、有為な人材をつぶしてしまうことにもなりかねません。

部下から十分な答えが出てこないのは、当たり前です。だから、簡単に見放してしまうのではなく、大事なことは何度も質問します。それも詰問するのでなく、教えてほしい、という態度が大切です。

その点、松下幸之助は、私の話を実によく聞いてくれました。ほとんど私がしゃべっているといった状態のときも多々ありました。また、よく尋ねてもくれました。むしろ質問のほうが多くありました。それでまた一所懸命勉強し、意見を言ったものです。とても丁寧に話を聞いてくれて、「なかなかええ考え方やなあ」と言ってくれました。

リーダーたるものは、すべからくこうあるべきと思います。松下のように、意見にしろ提案にしろ、その内容の是非を論ずるのでなく、報告に来たこと自体をほめる、部下を追い返さずに話を聞くという姿勢がとても大事なことではないかと思います。

「なぜ同じことを何度も聞いてくるのか」を考える

アメリカからハーマン・カーン氏が来日したときのことです。氏はハドソン研究所の所長をつとめ、物理学者であり未来学者でもあり、「二十一世紀は日本の世紀だ」と言いだした人です。彼が松下幸之助に会いたいと、京都に来ることになりました。

その二週間ほど前のこと、松下が「**君、ハーマン・カーンという人を知ってるか**」と私に聞きました。それで「二十一世紀は日本の世紀であると言って、日本を高く評価しているアメリカの未来学者です」と答えたら、「そうか」とうなずきました。

ところが、翌日また「**君、ハーマン・カーンという人を知ってるか**」と聞くのです。

〝あれ？〟と思いながら前日と同じ返答をしました。松下は「そうか」と言うだけでした。三日目にまた「**君、ハーマン・カーンという人を知ってるか**」と聞きました。

私は正直、腹が立ちました。しかし、夕方近くになって私はハッと気がついたのです。ハーマン・カーンという人の説明が不足していたのではないかということにです。すぐ書店へ行ってハーマン・カーンの本を買い、約六百五十ページを飛ばすように読み、要点を原稿にまとめ、さらにテープに録音しました。終わったときは明け方の四時半になっていました。私は、〝もう一度ハーマン・カーン氏のことについて聞いてほしい〟という思いでいっぱいでした。昼頃になって、やはり聞いてくれました。私は心躍らせながら三十分ほど説明しました。「そうか、よく分かった」。

松下が帰るときに要点を読み上げたテープも手渡しました。翌日、出迎えの車から降りた途端、「君、いい声しているなあ」と言ってくれたのです。私は震えるような感動を覚えました。その言葉の中には、よく努力してくれたというねぎらいの気持ちが込められているように思えました。それが私の心を強く打ったのです。

雑談の中にも教育はある

松下幸之助の私に対する教育は、雑談による教育でした。諭《さと》すべきことがある場合でも、「お前はこのようにあらねばならない」というような言い方は原則としてしたことはありませんでした。

「日頃はあまり思っていなかったけれど、やっぱりああいう話を聞くと、芸能界で長い間、第一人者として君臨するだけのものはあるなあ」などと、雑談的に話しながら、その真髄《しんずい》を悟らせてくれました。

雑談というのはとても大事なことで、雑談の中からいろいろ指導していくという自然な形が、部下を育てるときに一番効果的ではないかと思います。

改まって、「ちょっと来い」と言って、「そもそも君の仕事のやり方は」と言うよりも、雑談で自分の仕事の哲学を何気ない形で話をしていくことが、一番望ましいのではないでしょうか。

雑談はいわば上司も部下も対等といった雰囲気があり、部下もリラックスした気持ちで気軽に話ができます。

例えば、「この前テレビで観たけれど、俳優の〇〇さんが、ケジメをつけること、時間を守ること、挨拶すること、これが大事だと言っていたよ」と上司が部下に話をします。すると、部下も、「えっ、あの有名な〇〇さんが？」と思いながら、「ああ、時間、約束は守らないといかんなあ」と自然に思うものです。

だから、**部下を育成するときに大事なことは、部下の心の扉をいかに開けさせるかということだと思います**。

どなりつけたり、怖がらせての恐怖政治では、部下は育っていきません。部下の成長を本当に考えるならば、自分が跳び箱のようになって、自分を超えていく部下をつくっていくようにしなければなりません。

その超えていく部下をつくるためには、**部下の心を開くということをまず考えないといけないのではないでしょうか。**

そうすれば、部下は素直にリーダーの話を聞くようになり、自分のなすべきことを知ります。そして、その能力をどんどん出し切ろうと努力するようになり、その結果、その人は生かされて、大きく育っていくことになると思うのです。

第10章

模範となる努力

言い訳をすると、部下も言い訳をするようになる

リーダーなど上に立つ者の心得として重要なのは、言い訳をしてはいけないということです。いかなることがあっても言い訳せず、責任は自分にあるという態度をとることが大切なのではないでしょうか。

リーダーが言い訳すれば、必ず部下も言い訳をします。自分のことは棚に上げて、部下に「言い訳するな」と言っても、それはどだい無理な注文です。リーダーが言い訳をし、責任逃れをするから、部下が言い訳をし、責任逃れをするということの厳然たる事実、その流れというものをよく知っておかなければなりません。

うまくいってもうまくいかなくても、理由はあとからついてきます。経営や仕事を進めていく中では、うまくいくこといかないこと、いろいろありますが、どちらにしても**理由はいくらでもつけることができます。しかし、その理由を言うリーダーには、将来性がありません**。言い訳をしているようなら、よきリーダーにはなれません。うまくいってもうまくいかなくても、言い訳をしない。理由は言わない。そして、言い訳をしている自分自身というものに何よりも気づかなければいけないでしょう。

その意味で、コロナ禍で就職内定の取り消しや五十歳以上の自主退職といった一連の現象は、リーダーの無責任をさらけ出した典型例でした。なぜならコロナ禍で経営危機を引き起こしたのは、企業においてはリーダー自身なのに、その自分たちの責任を棚上げして、給料をカットしたり、人員を整理したりしているからです。

このことで、社員がリーダーに対して不信感を持つのは言うまでもありません。このような責任を棚上げしたリーダーの行為は、相互の信頼関係をみずから壊した行為にほかならないのです。

好き、嫌い、で判断してはいけない

よく、酒を飲んで部下や社員とのコミュニケーションをはかるリーダーがいます。そのときにどのような振る舞いをしているか、これが問題です。というのは、そんなときは、部下は決して酔ってはいないからです。酔っぱらったふりをしてリーダーを見ているのです。だから、酒を飲んでコミュニケーションをはかるのは結構ですが、部下や社員が見ているということを、一面、冷静に含んでおかなければいけません。そういう意味でも、上に立つ者には、部下の十倍、百倍の努力が必要になってきます。

リーダーの多くは、人間的魅力を身につけたいと願っているでしょう。その人間的魅力の大きなひとつが、いわゆる「徳がある」ということであり、その徳の出発点が、ケジメをつけるということだと私は思います。

時間のケジメ、お金のケジメ、公私のケジメ、あるいは部下に対するケジメもあるでしょう。例えば、同じ好ましくないことをやったA君はとがめるけれども、B子さんは不問に付《ふ》したり、裏で右と言い、表で左と言ったりしてはいないでしょうか。それでは部下は決してリーダーについてきません。

最近の風潮として、物事を〝感じる、感じない〟〝好き、嫌い〟で判断する傾向が強くなっています。しかし、**それは人間の本能、動物的な本能です。そういう座標軸で判断していては、人間は決して成長しません**。正邪善悪、〝正しい、正しくない〟〝いい、悪い〟という座標軸を持ってはじめて、人間は大きく成長するのです。

だから、〝やりたい、やりたくない〟ではいけません。やりたくなくても、やらなければならないことはやる。やりたくても、やってはいけないことはやらない。そうした分別が必要であり、それが徳につながっていき、徳の積み重ねになるのです。

上司の権威は「ケジメ」にあり

『論語』の中に「其ノ身正シケレバ、令セズシテ行ワル。其ノ身正シカラザレバ、令ストイエドモ従ワズ」という言葉があります。

上に立つ者の姿勢が正しければ、命令しなくても、必要なことが実行されるけれども、姿勢が正しくないと、いくら命令しても誰もこれに従うものはない、ということです。

家庭で子どもが親の姿を見て成長していくように、企業では部下がリーダーの背中を見て育っていきます。

とすれば、部下の育成で一番効果があるのは、やってみせること、すなわち率先垂《そっせんすい》範《はん》です。**リーダーがよき範を示すことが、最良の教育になると思います。**

とはいえ、なにも聖人君子になれということではありません。常に立派な人格者で、すべて模範的であろうとすれば窮屈で疲れてしまうし、それはとうてい不可能です。しかし大事なのは、こと働きにおいては模範的でなければならない、大切なところだけはしっかり押さえておかなければならないということです。

言い換えれば、権威を保つということです。権威とは、課長は課長らしく、部長は部長らしく、社長は社長らしくということです。そしてその〝らしさ〟というのは、なすべきことをなす、ケジメをつけるということです。

部下は見ていないようで、しっかりとリーダーを観察しています。そして、「もっとやる気を出せ」と言えば、腹の中で〝あなたはどうなのですか〟とつぶやき、「公私のケジメをつけよ」と言えば、〝あなたはキッチリしていますか〟と反問しています。

やはりリーダー自身が一所懸命やるということが部下を育てる一番の基本であり、リーダーの態度が結局は部下全体に反映します。

社員はリーダーの鑑《かがみ》と言ってもいいでしょう。時間のケジメ、公私のケジメをつけているか。正しい仕事の仕方をしているか。経営に対する熱意は誰にも負けていないか。

こうしたことを常に自問自答しつつ、なすべきことをなしていくところに、リーダーの権威というものもおのずと生まれてきます。

第11章

人情の機微

部下の心を知るには、「心の動きの共通原則」を知る

人間というものは、お互いが日々の生活の中で身をもって感じているように、実に複雑微妙、千変万化の生き物です。会社生活に例をとっても、そこには、性格も考え方も能力もそれぞれに異なるさまざまな人がいます。しかもそのそれぞれの人が、同じことに対しても、時と場合によっては違った反応を示します。

例えば、リーダーが何人かの部下や社員を集めて「みんな、しっかりやってくれたまえ」と言ったとしても、その受け取り方は、人さまざまです。

〝そうだ、しっかりやろう〟とそのまま受け取る人もあれば、〝なんだ、偉そうに〟

とソッポを向く人もあります。また、しっかりやろうと受け止める人でも、何か心配ごとがあるときにその言葉を聞けば、上《うわ》の空で頭に入らないということもあります。

しかし、幸いにして人間の心の動きには、そういう千変万化の複雑さの中にも、おおむね誰にも共通する、一般的な原則があるように思われます。

例えば、誰でもほめられればうれしいし、叱られれば悲しくなります。また、誰もが他人から認められたいと願っているし、自分の能力、持ち味を発揮することには喜びを感じるものです。

もちろん例外もありますが、**人の心の動きを心して見るならば、相当に細かいところまで一般的な原則を見いだせるのではないでしょうか。**

リーダーが部下を動かそうと願うのであれば、やはりまずそうした人間一般に共通する心の動きの原則について、できるだけ多く、詳しく知っていなければならないと思います。そうであってこそ、部下を喜ばせ、生かすための適切な働きかけが、臨機応変にできるのではないかと思うのです。

喜ばせようという気持ちで接することが、部下の成長をもたらす

リーダーは、部下一人ひとりの個性や適性についても、よく通じていなければならないでしょう。

一人ひとりの性格や気質、仕事に対する考え方や生きがいなどをどれだけ理解し、把握しているか、その程度いかんで、部下や社員をどれだけ生かせるかが大きく違ってくると言えるのではないでしょうか。

数字であれば一足す一が二になりますが、人間の心はそうはいきません。一足す一が三になったり五にもなるかわりに、ゼロになったり、マイナスになったりもします。

そうした複雑な心の動きをどうとらえて、どう働きかければ、一人ひとりの部下が生かされて働き、全体としての成果が三にも五にも高まるのか、それを日々極めていくことが、お互いの経営活動における重要なひとつの側面でもあります。

そして実際、すぐれたリーダーと言われる人の多くが、人情の機微に通じたすぐれた人間通であることは、よく見聞きするところです。

松下幸之助も、そういう人情の機微というものに通じ、**本当に部下や社員が喜ぶのはなんなのかを真剣に考え、部下や社員が最終的に喜ぶことを真剣にやっていこうとしつづけた人でした**。

人を育てるうえで大事だと思うのは、この松下のように部下を喜ばせようという気持ちです。その気持ちがないと部下や社員は育ちません。そのためには、人が喜ぶ様を見て喜ぶ、そういうことができるかどうかです。

自分が喜ぶことよりも、人が喜んでいる様を見て喜べる、部下や社員が喜ぶ様を見て喜ぶということが非常に大事だと思います。

「お前までがそんなことをするのか」

松下幸之助の人づかいのうまさには定評がありました。創業間もない松下電器に入り、のち三洋電機の副社長、相談役となった後藤清一《ごとうせいいち》氏は、『叱り叱られの記』ほか多数の著書の中で、松下の叱り方、ほめ方の数々を生き生きと描いています。

松下電器の社員が、五十名くらいになっていた頃のある夏の暑い日でした。その日のうちに、どうしても仕上げてしまわなければならない仕事があって、五、六人の社員が松下から残業を命じられていました。ところが、遊びたい盛りの若い社員です。残業を命じられていた者も、みんな仕事を放って、広場に野球をしに行ってしまいました。最後まで残っていた先輩格の後藤氏が、みんなに遅れて工場を出ようとしたときです。ちょうど松下が出先から戻ってきました。

頼んでおいた仕事はできたのか、みんなはどこへ行ったのか、と尋ねる松下に、後藤氏は、仕事は明日仕上げることにして、みんな遊びに行ってしまったこと、自分もこれから行くところであることを告げました。

「なんやて。残業してくれと言うたのになんでやらんのや。仕事を放っといてボール投げに行くとは何事か。それだけやない。後藤、お前までがそんなことをするのか」

返す言葉もありません。後藤氏は平謝りに謝って残業をして仕上げました。ただ、このとき後藤氏は、**叱られながらも、心のどこかに喜びがあったように思うと言っています**。それは、「後藤、お前までが……」と言った松下の叱り方によるものでした。〝お前までが、と言われるからには、わしはほかの者と違って認められているんや。そやからみんなと一緒になって遊んでいたらあかんのや〟と、そう思ったといいます。

人情の機微をわきまえた実にうまい叱り方です。

まず、「信頼する」ところから出発する

前項で取り上げたエピソードで大事なことは、松下幸之助が「お前までが……」と言ったのは、単に口先だけではなく、本当にそう思っていたというところです。すなわち、後藤ならば、究極のところでは絶対にこういうふうにしてくれる、という信頼感があったからです。

その信頼感が破られたときに、「お前もか。お前までがそうなのか」という言葉になって出てきたわけで、こう言ったら部下が喜ぶだろうということで言ったのではありません。当初から、後藤氏に対する基本的な信頼感というものがあったのです。

だから、こいつは信頼がおけるかおけないか、ちょっとつき合ってみないと分からないということではなく、もう初対面で信頼し、信頼から出発していく。信頼から出発してつき合っていくうちに、その信頼感を修正していくなり、あるいはまた増やしていくなり、減じていくなりというような、そういうやり方でした。

部下を疑わない、信頼するところから出発するというのは、部下を育成するうえでもきわめて大事ではないかと思います。部下も、信頼されていると思うから発奮する。信頼してくれているこの人のためなら、命を捨ててもいいとさえ思ってしまう。何をおいても胸がジーンとしてしまう。そう感じさせるところが松下にはありました。

松下幸之助という人は、初対面の来客、特に若い客が来て、帰っていったあと、「あの人はなかなかいい人や」「あの青年は立派な青年や」と、必ずほめました。

松下が部下に簡単にものを尋ねることができたというのも信頼感があったからで、信頼感がなかったら、聞けなかったでしょう。信頼されればそれに応えようとする人間の心に通じた、巧《たく》まずして人情の機微をわきまえたやり方であったと言えます。

「いや、君、なかなかいい考え方やな。その通り、君の案を採用しよう」

松下には、部下がひとつのことをなし遂げれば、それがきっと心からの満足をもたらすだろうとの思いから、部下に対して厳しいことも時には言い、やらせるところがありました。**その半面、部下に花を持たせることもありました。**

例えば、私と話をしていて、「こういうことをやろうと思うんや」と言っていたのに、たまたまその直後に部下が来て、松下の考えと同じ提案をすると、「いや、君、なかなかいい考え方やな。その通り、君の案を採用しよう」と言うのです。

前から自分が考えていたことなのに、そういうふうに言うことによって、部下は、それこそ松下は自分のアイデアを採用してくれたということで喜び、一所懸命その実現に努め、そして育っていったわけです。

これも、人情の機微をわきまえたひとつの姿と言っていいでしょう。

第12章

人間の本質

「わしは、君の声、聞きたかったんや。君の声聞いたら、元気が出てくるからなあ」

松下は、私に電話をよくかけてきました。深夜の一時半とか二時というときもあれば、朝の四時半にかかってきたこともあります。多いときには一日に五回も六回もかかってきました。夜中の場合、十二時頃に寝て一時半、二時にかかってくるのですから、こちらは頭がボーッとしています。早く頭を回転させないといけないと思いながら電話口に出ていきます。

これは実際大変でした。しかしいつも第一声として出てくるのが「君、夜遅く電話してすまんなあ」という言葉でした。そして、その次にこう言ったのです。

「わしは、君の声、聞きたかったんや。君の声聞いたら、元気が出てくるからなあ」

このひと言は、宮本武蔵と佐々木小次郎の巌流島の決闘のとき、小次郎が鞘《さや》を捨てた一瞬をとらえて発した武蔵の、「小次郎、敗れたり」という、あの台詞に匹敵するくらい芸術的な言葉ではないかと思います。

「君の声、聞きたかったんや。君の声聞いたら、元気が出るからなあ」

この言葉を聞いて、パーッと目が覚めました。そして「これは頑張らないといけない」という気になりました。もちろんそのあとで、けっこう叱られたりしたのですが、叱られても、「あっ、それはもっともだ。頑張らないといけない。さっそく、あした直そう。やらなければ」という思いになりました。

しかし、いいことを教わった、自分もやってみようと、部下にわざわざ夜中の一時に電話して、「私はね、君の声が聞きたかったんだ」と言っても、うまくいかないでしょう。相手の人格を認める気持ちなどまったくないのにそういう言葉を発しても、それは付け焼き刃だから感動を与えることはできません。

全身でその人を評価する

感動を与えるのは、お金でもない、物でもありません。本当は言葉でもありません。それは心です。松下幸之助という人の人間に対する愛情、もっと根本的に言うなら、松下幸之助が持っていた人間観というものによっているのではないでしょうか。

松下自身の言葉で言えば、〝人間には、宇宙の動きに順応しつつ、万物を支配する力が与えられている〟という人間観です。人間というものを高く評価する考え方、心というものが根本にあったからこそ、「君の声が聞きたかったんや。君の声を聞いたら元気が出るからな」という言葉が私の心を打ったのだろうと思います。

ほめること、叱ることにしても、口先だけでほめる、口先だけで叱るということでは、部下はついてきません。やはり本質的に部下を高く評価する、その人格を認め、才能を基本的なところで評価したうえでほめ、叱ることが大切でしょう。そうすれば、たとえ厳しく叱っても、ある意味、ほめるということにつながってくるはずです。

部下に非常に優しく、言葉丁寧に接しているけれども、部下から信頼されないリーダーもいれば、荒っぽく接していても部下から信頼される人もいます。それは言葉の問題ではなく、その部下をそのリーダーがどう見ているかということでしょう。

だから、ほめ言葉の見本を載せている本は、私は邪道だと思います。心地よい言葉はたしかに人を喜ばせますが、それが二度三度くり返され、付け焼き刃であることが分かってくると、喜びはその言葉を発する人への軽蔑に変わってきます。

さらに言えば、**部下をどれだけ怖れるかという、そういう気持ちが必要ではないでしょうか**。部下に対して怖れる気持ち、畏敬の念がないと、本当の部下指導、部下の育成というものはできません。

人格の容認こそが、人を無限に成長させる

人間には誰にも無限の価値があります。だからその無限価値を、絶対的に評価する基本的な考え方がないといけません。つまり、人格の容認が大事だということです。そうすれば、態度ひとつ、言葉ひとつにしても違ったものになってきます。**この人はつまらない人だという気持ちで接するのと、人間は誰でもすばらしい本質を持っているのだという思いを根底に持って接するのとでは、表れる態度なり、言葉というものはずいぶん違ってきます。**以下のエピソードは山田無文《やまだむもん》さんの話です。

建仁寺に峻崖《しゅんがい》和尚という学問僧がいました。そこに釈宗演《しゃくそうえん》という小坊主が修行に

いっていました。ある日、峻崕和尚が出かけたあと、釈宗演が峻崕和尚の部屋を掃除していました。ところが、ぽかぽか陽気で、掃除をしているうちに居眠りをしてしまったのです。気がつくとみしみしと音がする。目をあけると、廊下の向こうから当の峻崕和尚が帰ってくるのが見えました。はっと思ったのですが、そこで急に立ち上がって逃げ出すのもきまりが悪い。しようがないので狸寝入りを決めこみました。

すると、峻崕和尚が近づいてきて、その寝ている釈宗演の側をよけて通り過ぎました。そのとき、峻崕和尚は「ごめんなされや」と言って、自分の部屋に入っていった。それを釈宗演は、狸寝入りだから聞いていたわけです。その「ごめんなされや」というひと言を聞いて、釈宗演は大変感激しました。和尚は小坊主の釈宗演を蹴飛ばすことをしませんでした。しかも「ごめんなされや」と言ってくれました。

これはまさしく釈宗演という人の人格の容認、肯定でした。釈宗演は、それに大変感激して大いに発奮し、学問に没頭しました。そして、若くして鎌倉の円覚寺の管長になり、のちに、京都にある臨済宗大学（現花園大学）の学長になったのです。

人格を認めると、言葉づかいも変化する

人格を認めるということに関しては、私の同級生にこんな話があります。

同級生は福澤諭吉研究会に入っていました。その関係で経済学者、教育家であり、慶應義塾の塾長でもあった小泉信三《こいずみしんぞう》さんのところへ何かの依頼に行きました。

そこで話をしているときに、小泉さんから二つのことを言われたといいます。一つは、「もうあなたも社会人になるのだから、〝ぼく〟というのはやめなさい。〝私〟と言いなさい」と。もう一つは、「人の名前を呼び捨てにしてはいけない」ということでした。

相手の人格を肯定することの大切さをおっしゃっていたのではないでしょうか。

私自身、部下を呼び捨てにしたことは一度もありませんでした。それは、部下だからということではなく、先輩であろうと後輩であろうと、人格というものを是認するということがお互いに一番大事だと思ったからです。

もちろん外部の人に言うときには、「うちの松下が」とか、「うちの江口が」とか言うのはひとつの礼儀ですが、それ以外の場合は、私は「さん」を付けています。

また、これも言葉の表現になりますが、私は「おはよう」と言ったことはありません。部下から「おはようございます」と言われたときには、必ず「おはようございます」と言っています。それは、上の人に対しては「おはようございます」と言い、部下や若い人に対しては「おはよう」と言うのは、何か割り切れないものがあるからです。

挨拶というものは上下関係でしているのではなく、その人間に対してしているという気持ちがあるからです。だから、「おはようございます」と上の人に使うのであれば、下の人にも「おはようございます」と言うべきだと私は思っています。

部下育成を通じて、自分も向上させてもらっていると自覚する

部下に対する愛情、部下の人格の肯定、部下の人間としての尊厳の絶対評価、そういった部下の人間としての無限価値に対する絶対評価ということは、松下幸之助が私にやってきてくれたそのものであったと言えます。松下は私の人格を認めてくれていたし、人間としての価値を認めてくれての私への接触がありました。

ものすごく叱られたし、それこそ震えあがるようなときもありましたが、そういうふうに叱られながら、震えあがらせられながら、やはり何かしら松下の言葉、叱り方にひとつの安堵感があったのは、松下が私の人格を認めてくれていたからだと思いま

す。

松下は晩年、松下病院の一室を自分の住まいにしていましたが、その部屋に行って夜遅くなったときでも、私が「帰る」と言うと、わざわざ起きてベッドの端に腰かけ、「もう君、帰るか。遅くまでご苦労さんやったなあ」と言ってくれました。「もう結構です。寝ていてください」と言っても、戸口まで見送ってくれました。その態度は、部下ということではなくて、人間として接してくれていたからだという気がします。

だから、部下の育成というのは、上司に接するように部下に接せられるかどうかということが基本ではないかと思います。さらに言えば、**部下に頭を下げる、一個の人間として部下に接する気持ちをいつも持っていないといけないと思うのです。**

一段劣った下の者を育成するのが部下育成だと考えがちですが、絶対にそうではありません。やはり対等であって、むしろ**部下の育成というものを通じて、自分も向上させてもらっているのだ**という事実をはっきり理解しておかなければならないと思います。偉そうに部下に接するだけではダメだと思うのです。

「人間は、ダイヤモンドの原石で、磨かれることによってその本質を発揮する。磨き方いかんで、さまざまに光り輝く無限の可能性を秘めている」

「人材育成には、やはり素質がものをいうように思います。中小企業では優秀な人がなかなか来てくれませんので、人づくりと言っても、きわめて困難です」

このような経営者の嘆きをよく耳にします。たしかに社員があらかじめ持っている素質の善し悪しはあるでしょう。その点、中小企業は不利だという見方も一面では成り立つかもしれません。

しかし、**経営者自身が、〝育てようとしてもムダだ〟とあきらめてしまったのでは、人材育成の力強い実践などかなうはずがありません。**

松下幸之助のように、〝人間というものは、本来、誰もが無限の可能性を持っている。それはいわばダイヤモンドの原石のようなもので、磨かれることによってその本質を発揮する。しかも、それは、磨き方いかんで、さまざまに光り輝く無限の可能性を秘めている〟という見方に立つことが大切です。

そういう人間の本質をよく認識し、それぞれの人が持っているすぐれた素質や可能性を見つけ、それが発揮できるよう教えるべきは教え、鍛えるべきは鍛え、根気よく磨き抜いていくことが基本ではないでしょうか。

部下が自分の思うようにならず、〝あいつはダメだ〟〝あいつは能力がない〟と性急に決めつけてしまうと、社員はやる気を失い、向上意欲をなくしてしまいます。それまで溌剌《はつらつ》と仕事をし、力を伸ばしてきた人が、部署が変わって新しい上司についたと頃、だんだん生気がなくなり、成長が止まってしまったという例も少なくありません。その意味で、上司の責任はきわめて大きいと言わなければなりません。

リーダーは、根気よく磨きもしないで、その人が本来持っている輝きを奪い取ってはいないか、常に謙虚に反省する姿勢が大事です。**人間は、それぞれに無限の可能性を持っています**。

部下育成のポイントをいろいろ述べてきましたが、このことこそが、まさに部下を育てるもっとも根本の要諦ではないかと私は思います。

松下幸之助　（まつした・こうのすけ）　1894〜1989

松下電器産業株式会社（現・Panasonic）創業者。昭和を代表する経営者。

父親が米相場で失敗し、小学校4年で中退。一家10人は離散。本人は、大阪商人のメッカ・船場で火鉢屋、自転車屋で丁稚奉公。15歳の時、大阪の市電を見て、これからは電気の時代と直感。23歳で起業。蒲柳の質であったため、静養しながら、事業部制で経営を展開。また、某宗教本山に案内され、「産業人の使命」を悟り、その使命感をもとに、経営を展開したことはあまりにも有名である。ゼロから出発した会社を70年間で7兆円の企業に育て上げ、世界を驚かせた。とりわけ、アメリカの学者たちは、競って、「松下幸之助」を取り上げた。また、アジア各国の経営者たちは、「松下電器」「松下幸之助の経営」を手本とした。また、独自の「人間観」を樹立し、思考の核心的哲学である「人間皆偉大」「人間大事」を主張した。1946年に、PHP研究所を設立し、その活動を通して、社会啓蒙活動を展開、さらには、1979年、松下政経塾を設立し、政治家養成に取り組むなど、文化的活動も行った。アメリカの『ライフ』誌は、「最高の産業人」「最高所得者」「雑誌発行者」「ベストセラー作家」「思想家」として、1964年9月に紹介している。勲一等旭日桐花大綬章、勲一等旭日大綬章、勲二等旭日重光章、勲一等瑞宝章、紺綬褒章、藍綬褒章、また、海外からも多数受賞している。多数の著作を残しているが、『人間を考える』『道をひらく』などは、現在でも多くの人たちに愛読されている。【編集部記】

江口克彦　（えぐち・かつひこ）

一般財団法人東アジア情勢研究会理事長、台北駐日経済文化代表処顧問等。

1940年名古屋市生まれ。愛知県立瑞陵高校、慶應義塾大学法学部政治学科卒。政治学士、経済博士（中央大学）。旭日中綬章、文化庁長官表彰、台湾・紫色大綬景星勲章、台湾・国際報道文化賞等。

故・松下幸之助氏の直弟子とも側近とも言われている。23年間、ほとんど毎日、毎晩、松下氏と語り合い、直接、指導を受けた松下幸之助思想の伝承者であり、継承者。松下氏の言葉を伝えるだけでなく、その心を伝える講演、著作は定評がある。現在も講演に執筆に精力的に活動。参議院議員、PHP総合研究所社長、松下電器産業株式会社理事、内閣官房道州制ビジョン懇談会座長など歴任。

著書に、『最後の弟子が松下幸之助から学んだ経営の鉄則』（フォレスト出版）、『凡々たる非凡―松下幸之助とは何か』（H&I出版社）、『松下幸之助はなぜ成功したのか』『ひとことの力―松下幸之助の言葉』『部下論』『上司力20』（以上、東洋経済新報社）、『地域主権型道州制の総合研究』（中央大学出版部）、『こうすれば日本は良くなる』（自由国民社）など多数。【編集部記】

本書は、2010年9月に弊社から刊行された『松下幸之助「君なら必ずできる!」』を
改題し、加筆修正しました。

こんな時代だからこそ学びたい松下幸之助のリーダー学

発行日　2021年11月5日　第1刷

著者　江口克彦

本書プロジェクトチーム
編集統括　柿内尚文
編集担当　小林英史
デザイン　鈴木大輔、仲條世菜（ソウルデザイン）
編集協力　山崎修（悠々社）
DTP　G-clef
校正　植嶋朝子

営業統括　丸山敏生
営業推進　増尾友裕、綱脇愛、大原桂子、桐山敦子、矢部愛、寺内未来子
販売促進　池田孝一郎、石井耕平、熊切絵理、菊山清佳、吉村寿美子、矢橋寛子、遠藤真知子、森田真紀、高垣知子、氏家和佳子
プロモーション　山田美恵、藤野茉友、林屋成一郎

編集　舘瑞恵、栗田亘、村上芳子、大住兼正、菊地貴広
講演・マネジメント事業　斎藤和佳、志水公美
メディア開発　池田剛、中山景、中村悟志、長野太介
管理部　八木宏之、早坂裕子、生越こずえ、名児耶美咲、金井昭彦
マネジメント　坂下毅
発行人　高橋克佳

発行所　株式会社アスコム

〒105-0003
東京都港区西新橋2-23-1　3東洋海事ビル
編集部　TEL：03-5425-6627
営業局　TEL：03-5425-6626　FAX：03-5425-6770

印刷・製本　中央精版印刷株式会社

Printed in Japan ISBN 978-4-7762-1181-5

本書は、2010年9月に弊社より刊行された『松下幸之助「君なら必ずできる！」』を改題し、一部加筆・修正したものです。

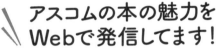

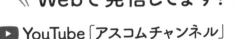